El milagro
COSTARRICENSE
de Juan Pablo II

VALENTINA ALAZRAKI

Prólogo de Lizeth Castro

El milagro
COSTARRICENSE
de Juan Pablo II

*La historia que
lo hizo santo*

 Planeta

Diseño de portada: Alejandra Ruiz Esparza Fernández
Fotografía de portada: © Shutterstock

Fotografía de la autora: Archivo personal de Valentina Alazraki

© 2014, Valentina Alazraki

Derechos reservados

© 2014, Editorial Planeta Mexicana, S.A. de C.V.
Bajo el sello editorial PLANETA M.R.
Avenida Presidente Masarik núm. 111, 2o. piso
Colonia Chapultepec Morales
C.P. 11570, México, D.F.
www.editorialplaneta.com.mx

Primera edición: febrero de 2014
ISBN: 978-607-07-1984-4

Impreso en los talleres de Litográfica Ingramex, S.A. de C.V.
Centeno núm. 162-1, colonia Granjas Esmeralda, México, D.F.
Impreso y hecho en México – *Printed and made in Mexico*

*A Jovel, un joven tico
enamorado de Juan Pablo II*

Mi viaje a Costa Rica

En noviembre de 2012 me encontraba en México para una serie de presentaciones de mi libro *México siempre fiel*. Estaba en contacto con monseñor Sławomir Oder, postulador de la causa de canonización de Juan Pablo II, con quien estaba escribiendo una obra sobre el tema. Había colaborado muy de cerca con él durante la preparación de *La luz eterna de Juan Pablo II*, dedicado a su causa de beatificación. Durante cinco años nunca revelé nada de lo que me contaba acerca del proceso, puesto que ese era el trato. Podía tener acceso a material de primera mano pero exclusivamente para escribir el libro que saldría en coincidencia con la beatificación. Establecimos una relación de amistad y de mucha confianza. Siempre fui la última en informar acerca de los diferentes pasos del proceso, justamente para no faltar a la palabra que le había dado. El pleno respeto de los pactos hizo posible que en cuanto supe que monseñor Oder viajaría a Costa Rica en noviembre para realizar ahí el proceso sobre el milagro de Floribeth, le pidiera que me dejara ir para concretar una serie de entrevistas que servirían para un programa especial y para nuestro libro. Monseñor Oder accedió. Organicé el viaje como si fuera un agente secreto. En Televisa solo mis jefes directos sabían a qué iba a Costa Rica. Aterrorizada por la posibilidad de que la noticia se filtrara, le dije a los camarógrafos asignados que estaba preparando un programa sobre diferentes milagros atribuidos a Juan Pablo II y les pedí que no hablaran de ello con nadie, ni siquiera en sus casas. De verdad me preocupaba mucho que pudiera salir algo a la luz, porque me sentía extremadamente comprometida con el secreto que envolvía en ese momento el caso de Floribeth.

Antes de viajar a Costa Rica hablé varias veces por teléfono desde la Ciudad de México con Floribeth y su esposo Edwin, a quien monseñor Oder había hablado de mí, explicándole mi proyecto y el pacto que habíamos hecho. Se portaron de una forma extraordinariamente accesible y en cuanto llegamos a San José hicimos una cita. Fuimos en taxi hasta su casa y encontrarla no fue difícil porque era la única que tenía afuera de la puerta de la entrada un altar dedicado a Juan Pablo II. Recuerdo que era domingo y en casa de Floribeth y Edwin estaban sus hijos, la hermana de Floribeth, Jacqueline, con su esposo y su hijo, y una vecina.

Floribeth me contó toda la historia. Hubo momentos muy intensos, de mucha emoción. Como mujer, madre y esposa me sentí muy involucrada emocionalmente. Entendía perfectamente su dolor, su desesperación, el no querer morir por no dejar a su marido, sus hijos y sus nietos. Me enseñó la revista en cuya portada estaba Juan Pablo II, la imagen que había apretado en sus manos durante los exámenes a los que había sido sometida. Hicimos las entrevistas y luego Floribeth cocinó para nosotros. Fueron horas transcurridas en un clima muy familiar. Después de comer ofrecieron llevarnos a la parroquia de Cristo Rey, donde siempre iban a misa, y luego a la parroquia de Paraíso, donde se encuentra la reliquia de Juan Pablo II para que conociera al padre Donald, quien también había sido informado por monseñor Oder acerca de mi llegada. Ir con ellos a los lugares clave de su historia fue sumamente interesante y al mismo tiempo muy emotivo.

En Cristo Rey conocí al padre Sergio, quien dirige la Asociación Obras del Espíritu Santo. Recuerdo que Floribeth asistió a la misa con un velo negro en la cabeza. Ahí estaban también sus hijos Gabriela y Edwin, con quienes hablé al final de la misa. Cenamos luego todos juntos, frente a la parroquia. Nos alcanzó también el padre Sergio.

Al día siguiente visitamos los lugares por los que había pasado Juan Pablo II en su viaje hacía 30 años y que en parte recordaba porque había estado con él.

Me llamó mucho la atención el gran recuerdo que Juan Pablo II había dejado en el corazón de los ticos. Sentí que aún estaba vivo. Todos hablaron de él como de un hombre de paz, un hombre que los había querido, cuya santidad ya se tocaba con la mano, aun en vida. Vi su estatua al lado de la catedral, fui al seminario en el que había pernoctado, pasé por el hospital infantil.

Temía encontrarme con algún mexicano y que me preguntara qué estaba haciendo en Costa Rica. Tenía lista ya la respuesta: estoy haciendo una historia sobre el 30 aniversario de la visita de Juan Pablo II a Centroamérica.

El tercer día coincidió con el cierre del proceso en la sede del arzobispado. Ahí estuve al lado de Floribeth, Edwin y su hijo menor. Floribeth estaba muy conmovida, lloró en varias ocasiones. Vimos cómo se cerraban todos los paquetes con la documentación que debía ser llevada al Vaticano. Ese mismo día, 1 de diciembre, volví a la Ciudad de México e inmediatamente después a Roma.

Pasaron seis meses durante los cuales, en varias ocasiones, hablé por teléfono con Floribeth y Edwin para saber cómo estaban o para informarles cómo iba el proceso en Roma. No hablé con nadie de mi viaje a Costa Rica. Solo lo sabían mi marido y mis hijas. Monseñor Oder y todos sus colaboradores estaban muy contentos porque, contrariamente a lo que había sucedido con la curación de la religiosa francesa enferma de párkinson, cuya recuperación milagrosa fue descubierta casi enseguida, en el caso de Floribeth no había trascendido absolutamente nada. Algún periodista italiano con buenos contactos en la Congregación para las Causas de los Santos había informado en su momento que los teólogos habían aprobado un milagro para la canonización de Juan Pablo II. Informaron, después, de la aprobación del milagro por parte de los médicos, pero nada más.

El secreto se rompió el 19 de junio cuando el periodista Fabio Marchese del diario milanés *Il Giornale* publicó que el milagro que haría santo a Juan Pablo II era la curación de una mujer que había padecido un aneurisma. Estaba toda la descripción del caso de Floribeth.

La noticia nos cayó como bomba. Monseñor Oder intentaba mantener la calma pero esta no duró porque a los pocos días empezó a hablarse de la nacionalidad de la mujer curada y... hasta su nombre. Unos días más tarde el diario *La Razón* publicó el testimonio que Floribeth había enviado a la oficina de la postulación. A partir de ese momento inició un calvario para todos nosotros, especialmente para Floribeth y su familia, que se encontraron sitiados por decenas de periodistas fuera de su casa. Fueron dos semanas interminables, llenas de tensión. Yo hablaba todos los días con Floribeth y Edwin para ver qué podíamos hacer. Al mismo tiempo mantenía comunicación con monseñor Oder, quien me dijo repetidamente que no podíamos hacer nada hasta que saliera oficialmente la noticia de que la Congregación para las Causas de los Santos había aprobado el milagro y le llevara toda la documentación al papa Francisco. Floribeth empezó a resentir mucho del estrés que para ella representaba estar encerrada, escondida en su casa. Lo que más le daba pena era no poder atender a la prensa que se encontraba fuera de su casa. "Ellos están trabajando —me decía—, siento mucho no poder hablar con ellos". Floribeth estaba en contacto también con María Victoria, de la oficina de la postulación, a quien pedía ayuda porque sentía que ya no soportaba esa situación. Para mí fueron días de mucho estrés porque por un lado estaba la palabra que le había dado a monseñor Oder; por el otro me causaba mucho enojo que yo respetara el silencio mientras que alguien en el mismo Vaticano había informado acerca del caso de Floribeth. No me parecía justo ni para mí ni para la situación en la que se encontraban Floribeth y su familia. El 2 de julio, la Congregación anunció oficialmente que había aprobado el milagro que haría santo a Juan Pablo II. La salud de Floribeth empezó a empeorar: no comía, vomitaba, le dolía la cabeza por el estrés. Se lo comenté a monseñor Oder y después de una larga conversación me autorizó a transmitir una nota con partes de la entrevista que le había hecho a Floribeth y a su esposo para que de alguna manera ella pudiera salir ya al descubierto y reanudar su vida normal. El Papa estaba a punto de recibir al cardenal Amato, prefecto de la Congregación de las Causas de los Santos, para firmar el decreto sobre el milagro. Monseñor Oder, por su parte, estaba en contacto con el arzobispado para que en una rueda de prensa presentaran oficialmente a Floribeth.

Creo que nos falló un poco la coordinación en esta última etapa; hubo un desfase de un día y entiendo perfectamente que algunos medios se sintieran por la transmisión de la entrevista en Televisa antes de que Floribeth se presentara a los periodistas locales. En ningún momento pensé en este aspecto porque estaba demasiado involucrada con la historia. No era una noticia para mí: era parte de toda una trayectoria siguiendo a Juan Pablo II, siendo testigo del desarrollo

de la causa de beatificación, escribiendo un libro sobre el proceso y preparando otro para la canonización.
Lo que más siento es que acusaran a Floribeth de haber vendido la entrevista a Televisa. Afortunadamente alguien se dio cuenta de que encima de la puerta
de entrada de la casa de Floribeth había una corona
navideña, por lo que se pudo comprobar que nuestro
encuentro había sido muchos meses antes.

Valentina Alazraki

Prólogo

El carro apenas cabe en la calle angosta donde vive Floribeth. Es una calle típica en Costa Rica, donde hace algunos años pocos imaginaban que creceríamos de diminutos a menos pequeños y por eso muchos barrios se reparten en casas humildes, pegadas como la que estamos visitando en este distrito de la provincia de Cartago: Dulce Nombre de la Unión. Que somos pequeños, nadie lo duda. Nuestro territorio mide 51 100 kilómetros cuadrados; Floribeth es una de las 4'713 168 personas que respiran el aire costarricense. Vive en un barrio de clase popular, ejemplo de muchos de los vecindarios del necesitado de justicia social Istmo Centroamericano, al cual pertenece este país.

Sin embargo, dos decisiones han sido trascendentales para mantener de pie a los ticos y eso incluye a nuestra entrevistada: en este punto minúsculo del mapa nos cuelga del pecho la medalla de haber decidido no tener ejército, y eso ha hecho que el escaso dinero no se desperdicie en armamento, ¡qué orgullo! Y somos un pueblo que ha decidido creer, creer en Dios, en que Él es el dueño de todo lo creado y que nos defiende. Por eso, sin dudarlo, decimos siempre que estamos "¡Pura vida!". Aquí es donde esta historia se acrecienta y al nacer del dolor la fe la hace terminar en grandeza.

Como les contaba, parqueamos con alguna dificultad frente a la casa 23, es más, dejamos el carro un poco subido en la acera para que lo que queda de calle no se tape del todo y a la vez los transeúntes puedan pasar. Bajamos y me parece increíble que un hecho extraordinario me haga entrar en esta casa a preguntar por Floribeth Mora Díaz, la octava de diez hijos; hija de un zapatero y una costurera, esposa de un exjefe de la policía con quien decidió poner una empresa de seguridad privada con la que logran el sustento diario.

Ella, madre de cinco y abuela de un número similar de retoños, sale a saludarnos dispuesta a relatar la inexplicable forma en que "todo esto" sucedió. Me abraza aunque no nos habíamos visto personalmente nunca. Siento su calor y me voy preparando mentalmente para una conversación amena con la mujer que hace dos años jamás me hubiera podido atender.

El camarógrafo acomoda el equipo, la asistente colabora con todos los aspectos técnicos y empieza a rodar la historia, que escuchada de los labios de doña Flory, como la conocen sus vecinos, comienza a tomar vida y a dibujar en el aire extrañas escenas milagrosas. "Hace dos años no le hubiera podido hacer esta entrevista", le digo. "No, estaría muerta", sentencia.

El diagnóstico se lo habían dado los médicos, pero la última palabra aún no había sido pronunciada por el que dijo: "Hágase la luz". De esto se trata el relato y ella lo cuenta con lujo de detalles. Las palabras van y vienen y las preguntas podrían sonar repetitivas. "Explíqueme entonces lo que me acaba de decir: las manos del Papa salen del papel? ¿Cómo?". Mi mente insiste en tratar de visualizar aquel encuentro que le cambió la vida a esta mujer que siempre creyó en Juan Pablo II.

El relato finaliza y curiosamente para ese momento el esposo entra en la casa. Aprovechamos para entrevistarlo. En la televisión, cuando se hizo la conferencia de prensa, él se veía fuerte, conmovido pero fuerte. Esta vez, frente a nosotros no aguantó. Lo escucho con detenimiento porque es claro que esos ojos llorosos delatan la intensa dosis de dolor que incluyó, en su caso, la pregunta de cómo explicarle a sus hijos que su mamá pronto moriría.

Don Edwin Arce hace un alto en su narración y clava los ojos en el recuerdo de aquella voz que escuchó clara y firme en el hospital y que lo motivó a traer de vuelta a casa a su esposa. Esa voz de la que él habla no me la imagino porque la escuché yo también en aquel bendito día de marzo de 1983 en el Estadio Nacional.

Tenía yo 12 años cuando el Papa nos visitó y con la fuerza de mi alma toqué las cuerdas de mi guitarra en la misa de los jóvenes. En aquella oportunidad nos dijo el Papa: "La Iglesia confía en que sabréis ser fuertes y valientes, lúcidos y perseverantes en ese camino. Y que con la mirada puesta en el bien y animados por vuestra fe, seréis capaces de resistir a las filosofías del egoísmo, del placer, de la desesperanza, de la nada, del odio, de la violencia".

Nada era lo que tenía don Edwin cuando escuchó que el cerebro de su esposa era tan frágil como una flor marchita. Desesperanza era lo que tuvo, en algún momento Floribeth, cuando no podía dar ni un solo paso y hasta le daba miedo estornudar para no despertar a ese "monstruo" instalado en una de las partes más importantes de su cuerpo. Pero ambos, tras escuchar la voz de Juan Pablo II, 30 años después de que nos visitara, transformaron en hechos las palabras "sabréis ser fuertes y valientes".

Dejamos el hogar de estos creyentes, nos disponemos a irnos. Y yo voy pensando en que será maravilloso presenciar en 2014 al papa Francisco nombrar santo a este hombre que se fijó en una mujer humilde, de un humilde barrio, de un pequeño país llamado Costa Rica.

Lizeth Castro
Periodista

Capítulo 1
Antecedentes

LA VISITA DE JUAN PABLO II A COSTA RICA

Fue un miércoles, 2 de marzo, cuando un avión procedente de Italia aterrizó en el Aeropuerto Internacional Juan Santamaría. Centenares de personas esperaban ansiosas a que el reloj marcara las 3:30 pm, por eso se sorprendieron tanto al ver, 10 minutos antes, que se asomara en el cielo un DC-10. De las escaleras metálicas descendía Juan Pablo II, el pontífice que desde hacía poco más de cuatro años guiaba, lleno de alegría y fortaleza, los pasos de la Iglesia católica. Su primera acción fue besar el suelo. Los costarricenses, conmovidos, le mostraron su cariño sin imaginar aún que uno de los suyos por un milagro salvaría su vida y que este milagro permitiría la canonización del Papa viajero.

Costa Rica fue la primera escala de su peregrinaje por Centroamérica. Una amplia zona del continente americano padeció la violencia en diversas formas durante la segunda mitad del siglo pasado, y esta tierra significaba un descanso espiritual. Desde ella podía trasladarse a otras partes donde había conflictos, ya que volver a Costa Rica lo llenaba de fortaleza luego de enfrentar momentos muy duros. El mensaje era claro: a Juan Pablo II le preocupaba que el dolor fuera un pretexto de división entre los latinoamericanos, y no un motivo para mantenerse unidos y avivar la luz de la fe. Llegaba al continente trayendo consigo un gran deseo de paz.

Dejó claro inmediatamente cuál era el propósito de su viaje:

Contribuir a terminar con los sufrimientos de los pueblos de la región, para que acaben los conflictos sangrientos, el odio y las acusaciones estériles, dejando espacio al genuino diálogo. Un diálogo que sea ofrecimiento concreto y generoso de un encuentro de buenas voluntades y no posible justificación para continuar fomentando divisiones y violencias.

El Papa había salido de Roma plenamente consciente de las dificultades que tendría que enfrentar en esa travesía. El organizador de los viajes papales, el padre Roberto Tucci, se había trasladado repetidamente a Nicaragua para obtener garantías por parte del gobierno sandinista acerca de la visita papal. Las había recibido formalmente, pero en el Vaticano había muchas dudas al respecto. Se le aconsejó al Papa que no corriera tanto riesgo, pero Juan Pablo estaba empeñado en realizar una misión que para él era ante todo una misión de paz. La situación de Nicaragua le preocupaba muchísimo a raíz de la participación en la junta sandinista de dos sacerdotes. Costa Rica, país en el que iba a pernoctar y desde el que se iba a desplazar hacia los diferentes países de la región, representaba para él un oasis de paz y serenidad. Desde ahí Juan Pablo II dirigió un mensaje que rebasó las fronteras.

> Vengo también para lanzar un llamado de paz hacia quienes, dentro o fuera de esta área geográfica —dondequiera que se encuentren—, favorecen de un modo u otro tensiones ideológicas, económicas o militares que impiden el libre desarrollo de estos pueblos amantes de la paz, de la fraternidad y del verdadero progreso humano, espiritual, social, civil y democrático.

En su primer recorrido pasó por la autopista General Cañas, ingresó al Paseo Colón y después a Avenida Segunda, llegó al Paseo de los Estudiantes y tomó la carretera a Desamparados. Durante el trayecto del papamóvil largas hileras de personas en ambos lados lanzaron flores, oraron y entonaron canciones. Al llegar al Seminario Mayor, en Paso Ancho —donde 30 años más tarde pernoctaría monseñor Sławomir Oder, postulador de su causa de canonización— lo esperaban los medios de comunicación y las autoridades eclesiásticas: todos querían estar cerca del Papa. La nunciatura fue su hogar durante tres días. Día y noche, miles de costarricenses se reunían afuera del edificio para recibir un saludo y una nueva bendición. Cada vez que Juan Pablo II salía al balcón escuchaba música y vítores. Frente él se repetía una y otra vez: "¡Viva el Papa!", en una gran variedad de tonos, pues gritaron por igual hombres y mujeres, adultos y niños.

El 3 de marzo estaba programada una visita al Hospital de Niños Carlos Sáenz Herrera. Antes de las 8 de la mañana su transporte ya estaba listo. En los pasillos del centro médico lo esperaba el personal del hospital y los niños lo hacían en sus camas, y en su inocencia, sin tener plena conciencia de lo que significaba la presencia del Papa en su país, le dieron quizá una de las bienvenidas más tiernas. Lejos del protocolo de médicos y enfermeras, los pequeños sonreían al sentir el aura de santidad que siempre rodeó a Karol Wojtyla. En el lugar no solo estaban los menores enfermos; había también niños que representaban a la infancia de todos los rincones del país, además de organizaciones que trabajan en pro de los pequeños.

Su anfitrión en esa ocasión fue el doctor Mohs, director general del hospital, quien después de 31 años de esa visita aún guarda un recuerdo intenso de esos momentos.

Primero fuimos a la sala de recién nacidos. El Papa estuvo muy emocionado viendo niños de tamaño muy pequeño en sus incubadoras. Se detuvo con tranquilidad a ver a cada uno y a recibir una explicación de lo que tenía cada paciente. Yo le expliqué algunos casos; otros lo hicieron los compañeros del servicio de Neonatología. En ese entonces ese era uno de los servicios más importantes del hospital, que ahora es el más grande y el más importante debido a que los problemas de enfermedad y muerte se han concentrado sobre todo en recién nacidos como consecuencia de malformaciones congénitas.

El personal del servicio de Neonatología estaba muy emocionado. Fueron a despedirlo a la puerta y al salir vimos a una buena parte de los funcionarios del hospital formados a ambos lados de un pasillo por el que había que pasar; todos querían saludarlo, se persignaban a su paso y extendían la mano para tocarlo.

A lo largo de todo el pasillo, que es bastante grande, tendrá unos 80 o 90 metros, el personal estaba en esa actitud. Al llegar al elevador subimos al tercer piso, donde veíamos a los niños con cáncer. Igualmente, en todo el pasillo estaba el personal esperándolo, diciéndole palabras de bienvenida e intentando tocarlo.

El doctor Mohs quedó impactado por la ternura y calidez de Juan Pablo II, quien se dirigía a él en un buen español. El encuentro con los niños enfermos de cáncer fue muy emotivo:

Al entrar a la unidad vimos a unos cinco o seis pacientes, y como eran niños más grandes él hablaba con ellos, les preguntaba cómo se sentían, cómo estaban en el hospital y si sus familiares estaban con ellos. Hablaba con los padres y los bendecía. Les deseaba pronta recuperación. El personal se aglomeraba alrededor del paciente con quien estaba el Papa, y él les decía unas palabras de aliento.

A la salida se produjo el mismo fenómeno: la gente se alineaba en los pasillos muy conmovida; algunos se arrodillaban cuando él pasaba. Nos dirigimos al cuarto piso del hospital, que es el de cirugía. En él vimos a pacientes con traumatología: atropellados, personas vendadas, a algunos con trauma en la cabeza solo se les veían los ojos. Son niños politraumatizados de brazos, piernas y cabeza. El Papa se detenía a preguntar a cada uno cómo había ocurrido el accidente, si en ese momento se sentían bien, si les dolía algo, y alentaba a los padres diciéndoles que pronto iban a recuperarse e iban a ser los mismos de siempre, que debían tener fe.

Juan Pablo no pudo evitar en su rostro un gesto de tristeza, pero sus palabras siempre transmitieron esperanza. Al salir del hospital dirigió unas palabras para todos los que consideraba sus "pequeños amigos": "Queridos míos, con vuestros sufrimientos aceptados con espíritu de fe, estáis unidos a los de Cristo, que sufrió y dio la vida por todos los hombres", les dijo el Papa, consolando a quienes padecían enfermedades terminales o recibían un tratamiento doloroso; también recordó a los enfermos que estaban en sus hogares. Le dolía ver a esos niños que en lugar de disfrutar de su infancia estaban ahí sufriendo, pero sabía que al atravesar esas duras pruebas de salud estarían más cerca de Dios. Juan Pablo II con humildad dijo que su compañía contribuía poco a aliviar tanto dolor. Pero con su presencia muchos niños y padres de familia encontraron no solo fuerzas para seguir su tratamiento, sino que algunos sintieron una enorme gracia, tan fuerte que los siguió por el resto de sus vidas y se dedicaron, como él, a aliviar en la medida de lo posible el sufrimiento del otro.

Una de las sorpresas más grandes que dio el país al Papa viajero fue la calidez que alrededor de medio millón de personas le brindaron en el parque metropolitano La

Sabana. Aquella había sido hasta ese momento la concentración católica más grande en la historia del país. Los jóvenes se apresuraban y corrían junto al papamóvil, las mujeres y los niños inundaban los cristales de flores y una multitud ondeaba banderas de Costa Rica y del Vaticano. Lo hicieron sentir amado, en casa. El Papa, que venía a abrazar y a confortar a los dolientes, se colocó en un altar adornado con orquídeas blancas y amarillas. De su boca brotó una invitación a acercarse a la Iglesia, ya que a través de ella se alcanza la palabra divina, es la vía que permite la unión entre Dios y los hombres. Los exhortó a verla como a una madre en la que se pueden encontrar paz y fuerza para luchar contra la injusticia. "Si Jesucristo amó a la Iglesia hasta morir por ella, significa que ella es digna de ser amada también por nosotros", dijo el Papa. Lamentó que para muchos la Iglesia se haya vuelto algo distante, ajena, indiferente y accidental.

En el inmenso parque el Papa habló de la devoción mariana del pueblo tico y de todos los pueblos centroamericanos. A todos los encomendó a la "Negrita" de los Ángeles que se venera en el santuario de Cartago, el pueblo en el que 30 años más tarde sería expuesta su reliquia y que gracias a su arribo a Costa Rica la postulación de la causa de canonización pudo dar con Floribeth Mora Díaz. El Papa peregrino también habló de "santidad", que resultaron palabras casi proféticas. Pidió a los ticos que construyeran una Iglesia nueva con "generosidad, limpieza de corazón y entusiasmo", entregándose a los demás para transformar una sociedad a menudo envejecida y triste. Ese día cerca de 287 mil fieles recibieron la comunión, y demostraron ser parte activa de esa celebración que quedó como un recuerdo imborrable para los ticos.

Otro de los grandes momentos de Juan Pablo II durante esa visita a Costa Rica fue su encuentro con más de 40 mil jóvenes en el antiguo Estadio Nacional. Eufóricos, tocados por la presencia del Papa, lo reconocían como un hombre en igualdad de condiciones —Wojtyla fue el pontífice más joven del siglo xx— lleno de vida, alegre, deportista, bien parecido y con la suficiente energía para viajar a diversas partes del mundo, sin importar la distancia o el idioma, y al mismo tiempo distinto a ellos ya que era un ejemplo de humanismo y fe para las nuevas generaciones, a quienes invitaba a amar la religión, tal como habían hecho sus padres. Les enseñó que valía la pena luchar cada día por ser mejores, siempre a favor de una sociedad mucho más justa. Que el bien hecho al otro es el bien propio; que es preciso ayudar al inocente, al oprimido, al que no tiene recursos, incluso ofreciendo un dolor personal siempre que alivie la pena de los demás. Juan Pablo II estaba seguro de que esta actitud dignificaba la vida humana porque la asemejaba a la esencia de Dios.

Lo que más recuerdo de nuestra estancia en San José es el amor, la solidaridad y el calor humano con los que los costarricenses recibieron a Juan Pablo II después de su visita a Managua, que fue el marco de una provocación sandinista en plena misa. Todos los ticos sintieron la necesidad de demostrarle al Papa su cariño. En las iglesias hubo misas de desagravio. Juan Pablo II se sintió querido y mimado después de las horas tan dramáticas que vivió en Nicaragua y que para él representaron ante todo un ultraje a una celebración eucarística más que una impugnación a su persona, que como luego se demostraría había sido orquestada por el régimen sandinista que intervino los micrófonos para ampliar los gritos de una parte de los asistentes a favor de "la Iglesia popular" y acallar la voz del Papa, quien aferrado a su báculo gritó en plena misa: "La primera que quiere la paz es la Iglesia". Juan Pablo II nunca imaginó que 30 años más tarde la curación de una hija de esa nación, que ese día le demostró su amor y cercanía, haría posible su canonización.

RECUERDOS DE JUVENTUD

El padre Donald Solano, párroco de la iglesia de Paraíso, en Cartago, sería, 31 años más tarde, una pieza clave para la canonización de Juan Pablo II. Aunque gracias a su vocación tuvo la oportunidad de estar cerca de Karol Wojtyla, e incluso saludarlo de mano, cuando el Pontífice estuvo en Costa Rica, el sacerdote era un jovencito de apenas 14 años que formaba parte de la infancia misionera. Una de las imágenes que más permanecen en su memoria es la de un Papa fuerte, recién nombrado, ante cuya juventud no se adivinaban los estragos físicos que sufriría años más tarde.

En 1983 Donald Solano vivía en Cartago y se vio en la necesidad de viajar en la madrugada para conseguir un lugar en el Estadio Nacional, ya que San José estaría completamente bloqueado por la presencia del Papa. Ese sería el primero de una serie de encuentros que, sin duda, reforzaron su deseo de consagrarse a la Iglesia, porque a pesar de anhelar servir a los demás no tuvo claro su deseo de entregarse a Dios sino hasta después de ellos. Cursó la carrera de matemáticas en la universidad, pero en su interior germinó la semilla de la fe gracias al Papa, cuyas enseñanzas marcaron su formación en el seminario.

La sorpresa fue que cuando íbamos caminando desde San Pedro hasta La Sabana, al llegar al Hospital de Niños —sin saber el horario exacto de las actividades del Papa, porque nosotros íbamos para el encuentro de jóvenes— mientras dejábamos Avenida Segunda para bajar al Paseo Colón nos tocó verlo por primera vez, muy de cerca. Recuerdo que éramos un grupo grande de jóvenes y empezamos a gritar; entonces el papamóvil se detuvo y él nos saludó. Ese fue el primer momento. Después llegamos a La Sabana a hacer fila; incluso no fuimos a misa para no perder el lugar de la fila, porque era enorme y teníamos miedo de no poder entrar al estadio. Nos encontrábamos en la entrada, por donde iba a pasar el papamóvil, así que ahí lo vimos dos veces más.

Cuando llegamos al estadio no había lugar; fue un milagro que pudiéramos entrar a pesar de haber madrugado tanto, porque hubo mucho desorden y no se pudo controlar a tanta gente y nuestro grupo fue casi el último en entrar. Al llegar a la gradas no había lugar así que nos tuvimos que quedar casi al ras del suelo y no veníamos nada. La sorpresa fue que cuando el Papa dio la vuelta por la pista nos guindamos de la malla y quedamos cerquita.

Otro joven que tendría un papel importante en esta historia fue marcado por la visita de Juan Pablo II a Costa Rica. Se trata del padre Sergio Valverde, a cuya parroquia de Cristo Rey acudió durante toda su vida Floribeth Mora Díaz, la mujer cuya sanación convertiría a Juan Pablo II en santo, y que en la vigilia de la beatificación con motivo de la fiesta de la Divina Misericordia encabezó una procesión dedicada a Juan Pablo II durante la cual la bendijo con el Santísimo.

Juan Pablo II para mí es una de las mayores inspiraciones que he tenido en toda mi existencia. Soy un apasionado de su vida y le rezo todos los días. Siempre he sido admirador de los Papas, soy "papista" al mil por mil, pero Juan Pablo II impactó mi vida cuando vino en 1983 y lo vi en el estadio y en el Seminario Central de Paso Ancho. Aunque yo sé que veía a todo el mundo siento que cuando me miró me traspasó el corazón. Él influyó completamente en mi vocación, al día siguiente de su visita yo fui al seminario, no a entrar, pero sí a informarme.

Siendo sacerdote en La Merced organicé un grupo para ir a verlo a la Jornada Mundial de la Juventud en Canadá; éramos unos cinco mil sacerdotes y otros tantos obispos. Era imposible llegar hasta donde él se encontraba, así que me fui metiendo entre los obispos en la procesión: ellos iban en una dirección y yo iba en sentido contrario, pero yo quería acercarme. Algunos obispos me hacían caras serias, a otros les daba risa, otros me hacían señas de que siguiera y hacían los pulgares hacia arriba. Cuando estuve a tres metros de él, me miró y al verlo vi luz a su alrededor. No pude avanzar, caí de rodillas y me puse a llorar como un niño. Después no supe qué pasó, solo sé que lloraba y desde ahí vi todo el proceso de cuando fue apagándose su vida.

Su frase: "No tengas miedo" es mi bandera de todos los días, difícilmente pasa una misa sin cantar una canción dedicada a él que lleva ese título.

Recuerdo su sonrisa y el dinamismo para mirar hacia un lado y luego a otro mientras iba en el papamóvil. Para él era muy fácil y yo pensaba: "¡Con cuánta agilidad lo hace!". Se le veían la fuerza y el dinamismo, no era algo sistemático ni cuadrado, él era libre. Era impactante verlo tan libre, tan cercano y verlo sonreír.

Durante esa visita nos enseñó a acercarnos a la humanidad, a salirnos un poco de los templos para estar más cerca de la gente, que es muy similar a lo del papa Francisco hoy, pero él fue quien comenzó esa apertura. Él nos recordó algo que Jesucristo nos enseñó: en la Iglesia no somos dueños de la verdad, somos depositarios de ella y no se impone, se propone. Me gustaba su autoridad; fue un modelo digno de imitar.

Monseñor Hugo Barrantes, arzobispo emérito de la arquidiócesis de San José, y a quien le tocó recibir al postulador de la causa de canonización de Juan Pablo II para investigar el milagro costarricense, recuerda 1983 como un año afortunado. Él era sacerdote en San Marcos de Tarrazú y el 2 de marzo estuvo cerca de La Sabana.

En su opinión, la visita del Papa marcó profundamente al país porque fue el primer pontífice que visitó

América Central, y por tanto Costa Rica. Una vez que se anunció su llegada a través de los medios —la radio, la televisión o los medios impresos— el pueblo costarricense se identificó con él: "Había una conciencia colectiva de que había venido a vernos a cada uno de nosotros". A juicio de monseñor Barrantes, en esta primera visita el Papa, lleno de vigor, llevó a cabo dos actos muy importantes: la visita al Hospital de Niños y el encuentro que realizó en el Estadio Nacional. Fue un fenómeno colectivo porque logró reunir la fe de todas las generaciones con su sola presencia.

Fue tal el impacto que, como en el caso del padre Donald Solano, hubo un *boom* vocacional. Muchos jóvenes entraron al seminario porque el pontífice vino a recordarles la importancia del sacrificio en favor del hermano, así como la confianza en la fuerza divina para superar cualquier problema, personal o colectivo.

El Papa adoptó Costa Rica como su casa, un lugar al que podía regresar luego de visitar Panamá o Nicaragua, y esto fue interpretado como un gesto de cariño hacia el pueblo costarricense. Se sentía un afecto particular. Por otro lado, el cariño que la gente siente desde entonces hacia Juan Pablo II se refleja en un monumento erigido en la Catedral. Incluso hubo un proyecto para declararlo ciudadano de honor. Monseñor Barrantes expresa:

El Papa nos dejó la sensación de que nos quería mucho. Él vino a Centroamérica cuando había una situación de violencia y muerte; estaban las guerrillas y los problemas de inseguridad en El Salvador y Guatemala. Sentimos que el Papa había venido a visitarnos cuando más lo necesitábamos. A mí siempre me hablaba de San José. Las noches que el Papa se quedó aquí la gente iba a la Nunciatura a cantarle y el Papa salía a saludarlos.

Después de esa visita, Costa Rica siempre estuvo en el recuerdo del Papa. Monseñor Barrantes lo sabe porque coincidieron muchas otras veces en Roma. Las preguntas de Karol Wojtyla se repetían: "¿Cómo están todos en San José?". "¿Están bien?". Y en todas las respuestas que le daba siempre procuró hacerle saber cuánto lo recordaban allá, del otro lado del mundo, en uno de los países más pequeños del continente, con apenas 51 100 kilómetros cuadrados de territorio. Monseñor almorzó y charló alguna vez con el pontífice, además recibió de él su palio arzobispal. Es por eso que con seguridad confirma la santidad de Wojtyla aún en vida.

Uno estaba convencido de su santidad porque en él había una energía extraña. Su visita a Costa Rica fue un maratón y en todas partes fue así. Sus cualidades eran extraordinarias. Cuando recibía a la directiva de la CELAM almorzaba con ellos, y hablaban de varios temas. Si estos eran muy largos decía: "Vuelvan a la cena para terminar". Eso me lo contó el cardenal Rodríguez Maradiaga. Un hombre con esa capacidad de trabajo lo deja a uno pasmado. Me impresionó mucho su manera de celebrar la eucaristía. Yo pude concelebrar con él en la capilla, y su devoción era grande. Era un hombre de Dios, uno estaba convencido de ello.

Monseñor Barrantes vio por última vez a Juan Pablo II en 2003. Su salud ya estaba muy deteriorada a causa del párkinson; sufría dolores muy intensos, pero hasta el último momento ello no le impidió servir a la Iglesia. Durante su agonía y luego con la noticia de su muerte, Costa Rica vivió en el llanto. Se perdía a un gran líder religioso que trabajó arduamente a favor de la paz y de los derechos humanos. Monseñor Barrantes viajó de Domus Galilea, en Jerusalén, para estar en la Catedral Metropolitana de San José cuando el papa falleció.

Estando todavía en funciones, monseñor Barrantes recibió la noticia del padre Donald Solano de que un milagro había sido obrado en el país por la intercesión de Juan Pablo II. Al conocer a Floribeth sana después de un largo proceso de comprobación y análisis, se dio cuenta de que la gracia concedida así a Costa Rica reflejaba un gesto de amor muy grande que invitaba a los costarricenses a sentirse parte de un mapa geográfico mucho más grande, el de la religión, y también a considerarse dignos de ser tomados en cuenta desde cualquier parte del planeta. Comenta:

Tenemos el "complejo de Cenicienta". Siempre pensamos que el milagro pudo haber ocurrido en Italia, en Alemania, en Polonia. Pero, ¿por qué en Costa Rica, este país tan diminuto? Pues es el cumplimiento de la Escritura que dice: "Gracias Padre, por haber revelado esto a los pequeños y no a los sabios". Dios escoge a gente humilde. La historia de la salvación se ha hecho con gente humilde. La Virgen María era una muchachita de Nazaret, no la esposa de Poncio Pilatos, y para mí es un compromiso muy grande. Es el Papa diciéndonos: "¡Costa Rica, guarden sus valores!". Es en sí un mensaje a la familia, porque la de doña Floribeth es muy cristiana. Esto es un estímulo y un mandato. Aquí hablan de un Estado laicista, no laico, que es distinto, el laicista es un Estado sin Dios. Hay un desfile de leyes anti-vida. Yo creo que el Papa nos manda conservar los valores. El Papa nos dice que si no somos grandes en territorio ni en habitantes, seamos grandes en valores.

Recuerdos de infancia

Margarita Morúa Barrientos tenía 10 años cuando vio a Juan Pablo II en Costa Rica, y lo que más recuerda es haber escuchado sobre la liberación de varios presos en el país. Aunque desconocía los motivos, desde su perspectiva le impresionó la noticia porque creyó que se perdonaba y reivindicaba a mucha gente con la visita del sucesor de Pedro. La gente estaba feliz; las iglesias llenas. Sus papás dirigían a un grupo de jóvenes de alrededor de 17 años de edad, y a ella le gustaba mucho participar en actividades religiosas con ellos. Pese a no entender bien quién era Karol Wojtyla, sentía mucha curiosidad por ese hombre del que se hablaba tanto.

Verlo besar el suelo costarricense la hizo pensar: "Este señor nos quiere". Margarita estaba acostumbrada a ver sacerdotes dominicos en su comunidad, pero el Papa le suscitaba una emoción distinta porque le generaba confianza. No era un ser superior sino un igual que podía comprender los dolores de cualquiera. Recibirlo significó una gran fiesta, una alegría que considera irrepetible. A la distancia, al ver el rostro del Papa, ella cree que el cariño fue mutuo. Juan Pablo II se enamoró de Costa Rica porque se supo querido.

> Él salía, decía: "Buenas noches" y se volvía a meter, y al ver que lo llamaban tanto volvía a salir. Había mucha gente y le tirábamos las flores que llevábamos... ¡Eso fue una fiesta completa! Yo volteaba a ver a mi mamá y a mis tías y todas lloraban por la emoción de verlo tan cerca. Era increíble verle esa carita rojita y tenerlo a cinco metros de distancia. ¡Era increíble! Yo sentí que él me estaba viendo, y esa es una sensación que nunca voy a olvidar.

Los jóvenes de entonces construyen la Costa Rica de hoy día. Aquellos que gritaban: "¡Te amamos Juan Pablo II!" en el Estadio Nacional son los profesionales que trabajan para construir, tal como se los pidió el Papa, un mejor país. Margarita cree que toda esa generación quedó marcada por las palabras y la bendición de Karol Wojtyla. Ella actualmente trabaja en el servicio de emergencias del Hospital México, y dedica su tiempo a atender con calidez a los pacientes. Su manera de contribuir es dándole paz a quien sufre. Sabe que no es fácil lidiar con la corrupción y el desinterés social, pero ganan la ilusión y la enseñanza de ser valientes, como el Papa.

> Mirá, Juan Pablo II es el enviado que vino a cambiar las cosas, es el santo que el mundo moderno necesita. Un santo al que vimos quebrarse una pierna por andar "jugando de intrépido", como decimos aquí. Alguien a quien hirieron y

estuvo a punto de morir y fue y dio el perdón al que casi lo mata. ¡Claro que fue un santo! Y vieras qué hermoso se siente saber que pude ver a un santo en vida. Yo lloré muchísimo el día que él falleció; estaba trabajando en el hospital y teníamos el televisor puesto. Mientras lloraba le pedía a Dios que lo descansara, y ese día me sentí huérfana, sentí que la Iglesia católica estaba huérfana.

Él fue un santo que cambió vidas; yo no soy la gran santa, pero mucho de lo que dijo en sus mensajes se me grabó en el alma: ser valientes y alegres. Él cantaba con nosotros, con los jóvenes; él demostraba que era uno de nosotros. Juan Pablo II se convirtió en esos días en costarricense, en un costarricense que quería que cambiáramos el mundo. Yo siento que ese mensaje llegó a mi vida de tal manera que aunque yo no cambie el mundo, sí puedo cambiar la vida de alguien. Es mi forma de mejorar a la sociedad. Fue el regalo que él me dio.

Alejandra Rodríguez era una niña pelirroja que estaba internada en el Hospital Nacional de Niños para ser intervenida quirúrgicamente. Luego de mucho sufrimiento se le diagnosticó un sobrante de uréter que afectaría siempre su calidad de vida. Durante los exámenes de valoración fue expuesta a un exceso de radiación y durante un año y medio tuvo que seguir un proceso preparatorio para la cirugía. La mañana del 3 de marzo de 1983 fue trasladada, junto con otros niños, a un cuartito especial, como una salita de televisión, donde recibirían a un hombre vestido de blanco que llegaba desde otro continente a saludarlos.

Más de 30 años después el recuerdo sigue tan vivo como la presencia de Juan Pablo II en su vida diaria. A esa edad no sabía con precisión qué significaba la presencia de un Papa; escuchó que era un hombre importante pero en su inocencia no pudo medir la magnitud del privilegio de verlo de cerca. Sobre su pijama de hospital, Alejandra se puso una bata a cuadros. Acompañada por niños de todas las edades, desde bebés hasta preadolescentes en silla de ruedas que celebraban la ocasión ondeando banderitas de Costa Rica y el Vaticano, ella recibió la bendición de Karol Wojtyla. Estaba en primera fila y recuerda que el Papa les dijo que "todo iba a salir bien y que no tuviéramos miedo porque Dios iba a estar con nosotros. Yo digo que fue una gracia que tuve de Dios, porque vea que en la foto no hay muchos niños en el cuarto, éramos pocos, pese a que había muchos internos en el hospital. Nosotros fuimos 'los elegidos'. Habían niños en cama, y el Papa pasó por donde se encontraban y les dio la bendición".

Afuera del hospital había mucha gente observando a Juan Pablo II. Alejandra tuvo la certeza de que ese hombre tenía mucho que ver con la historia que una enfermera les leyó, en la que una mujer tocó el manto de Jesús con fe y sanó. La entonces pequeña costarricense se preguntó si al tocar la túnica del Papa podría aliviarse. En él estaban la imagen y la fuerza de Jesús. Aunque finalmente no se atrevió a tocarlo para evitar un regaño —no sabía si era correcto— realmente se sintió bendecida y recuperó la salud, por lo que no duda en haber recibido una gracia. A pesar de los pronósticos de los médicos, pudo tener hijos y fue capaz de estudiar una carrera. "Al pueblo costarricense le caló mucho su visita y muchas vidas cambiaron, por ejemplo la de Floribeth Mora, la señora del milagro", dice convencida.

La familia Arce Mora

En 1983, Edwin Arce Abarca se desempeñaba como policía. Aunque su trabajo le impidió seguir paso a paso la ruta de Juan Pablo II en Costa Rica —no quería desatender sus labores porque así se lo exigían su responsabilidad y su ingreso reciente a la fuerza policiaca—, sí tuvo la dicha de verlo pasar por las carreteras que custodiaba. Como parte del dispositivo de seguridad estuvo más cerca del Papa que muchos de sus compatriotas, y aunque no cruzó palabra con el pontífice, admite haber experimentado un sentimiento muy fuerte, inexplicable. La sensación era muy especial, "no era necesario tenerlo cerca, de frente, uno sentía el llamado", explica. Entrenado para ser fuerte, incapaz de demostrar cualquier tipo de fragilidad emocional, Edwin reconoce orgulloso que se dobló. No podía arrodillarse como hacía el resto de la gente, pero su interior estaba totalmente conmovido. De naturaleza profundamente religiosa, se volvió, desde entonces, un fiel de seguidor de Karol Wojtyla: recurría a él en momentos difíciles, incluso mientras el Papa vivía, porque lo consideraba un hombre santo. Al estar tan cerca de Dios, Juan Pablo II podía interceder ante Él para lograr cualquier causa, cualquier milagro.

Ese mismo año, durante la misma semana, Floribeth de Fátima Mora Díaz, nacida el 19 de julio de 1963, la octava de los diez hijos que tuvieron Valeria Antonia Díaz Palma —costurera, nacida en Managua, Nicaragua— y José Joaquín Mora Bonilla —dueño de una zapatería en San José—, era una jovencita entusiasta de 20 años que se preparaba para asistir al gran recibimiento que su país haría al Papa en el Estadio Nacional. Era una más de los 40 mil jóvenes costarricenses que recibirían un llamado a la fe, para hacerse responsables de construir una sociedad más justa en la que no se diferenciara el rico del pobre. Todas las personas son susceptibles de padecer dolor, lo importante es dignificarlo, hacerse solidario frente a los pesares del otro. Ella jamás imaginó que 31 años más tarde estaría en Roma celebrando, gracias a un milagro que le salvó la vida, la canonización de Juan Pablo II. Mucho menos pensó que su nombre sería reconocido en todo el mundo y que dentro de dicha ceremonia en el Vaticano ella ocuparía un lugar privilegiado.

El padre Sergio Valverde la recuerda así:

Fuimos vecinos. Yo nací en Cristo Rey, y ella también, a 400 metros de distancia. Nuestras familias fueron muy pobres y de madres de mucha oración. Floribeth siempre fue una muchacha a la que tenían muy "socada" [le exigían mucho] y a mí muy "socado" también. Ella vivió muchos años aquí y sigue siendo fiel de esta parroquia. Aun cuando se casó y se fue a Tres Ríos ellos siguen viniendo al barrio a misa y a la Hora Santa.

Había mucha pobreza, muchísima. Ella y yo teníamos papás muy pobres, varios hermanos, casas alquiladas y extrema pobreza. Nuestras madres eran de mucha iglesia. Nuestras familias, pese a ser tan pobres, fueron siempre muy justas y muy correctas. Tuvimos que ver muchas cosas de dolor, ver la droga y crecer con eso.

En Cristo Rey el catolicismo, y el cristianismo en general, tienen un problema: la gente es muy pasiva. Tal vez por tantos problemas que ha habido de desigualdad y pobreza. Cuesta mucho llegar al corazón de quienes tienen el estómago vacío, o hablarles de un Dios que es amor a personas que no tienen qué comer. Aquí en los barrios del sur sucede que la gente es muy nómada, hoy están y mañana se van porque no pudieron pagar el cuarto en el que viven... Hay desahucios todos los días.

Sin embargo, puedo decirle que Floribeth era muy distinta a todas las muchachas de la comunidad; era muy callada, nunca la vimos "haciendo el loco". Era una muchacha muy bonita y que siempre se dio a respetar. Su familia es muy mariana y devota del papa Juan Pablo II.

Floribeth nunca olvidó el mensaje exigente que Juan Pablo II pronunció en el estadio y que ella escuchó con muchos otros jóvenes, sin saber lo que le preparaba el destino o la Providencia.

Sí, vosotros, amadísimos jóvenes, tenéis la grave responsabilidad de romper la cadena del odio que produce odio, y de la violencia que engendra violencia. Habéis de crear un mundo mejor que el de vuestros antepasados. Si no lo hacéis, la sangre seguirá corriendo, y mañana las lágrimas darán testimonio del dolor de vuestros hijos. Os invito, pues,

Capítulo 2
La enfermedad

como hermano y amigo, a luchar con toda la energía de vuestra juventud contra el odio y la violencia, hasta que se restablezcan el amor y la paz en vuestras naciones.

Vosotros estáis llamados a enseñar a los demás la lección del amor, del amor cristiano, que es al mismo tiempo humano y divino. Estáis llamados a sustituir el odio con la civilización del amor.

En el estadio de San José de Costa Rica Juan Pablo II habló no solo para los jóvenes ticos sino para los de toda Centroamérica, la región convulsionada que había decidido visitar a pesar de los riesgos que ese viaje entrañaba. Fue memorable la lección que Juan Pablo impartió a los jóvenes a través de una serie de "no" y "sí" que todos corearon con un Papa que en ese momento era vigoroso, incansable e imparable.

El Papa les dijo que debían decir no al egoísmo, a la injusticia, al placer sin reglas morales, no a la desesperanza, al odio y a la violencia, no a los caminos sin Dios. Luego les dijo que debían decir sí a Dios, a Jesucristo, a la Iglesia, a la fe, al compromiso que ella implica; sí al respeto de la dignidad, de la libertad y de los derechos de las personas. Sí a la justicia, al amor, al esfuerzo por elevar al hombre hacia Dios; sí a la paz, a la solidaridad, especialmente con los más necesitados. Sí a la esperanza. Sí al deber de construir una sociedad mejor. "Recordad que para vivir el presente hay que mirar al pasado, superándolo hacia el futuro", finalizó diciendo Juan Pablo II a los jóvenes costarricenses, que hoy como adultos serán testigos de su canonización gracias a un milagro tico.

"El futuro de América Central estará en vuestras manos", les dijo. Y lo está ya en parte. "Procurad ser dignos de tamaña responsabilidad".

Edwin y Floribeth se casaron en 1986, tres años después de estar cerca de Karol Wojtyla, pese a que los padres de ella se opusieron en un principio. Si bien es cierto que él trabajó durante varios años para el gobierno, procedía del campo y eso hizo creer a doña Valeria Antonia y a don José Joaquín que su joven hija no sería feliz. No obstante, Floribeth construyó junto con su marido una vida llena de fe y devoción hacia el Papa viajero, por lo que sin duda las palabras de Juan Pablo II y el aura de santidad de la que sintieron contagiarse en aquella ocasión marcaron su destino.

Residentes de Dulce Nombre de la Unión, padres de cuatro hijos: Mónica, Gabriela, Edwin y Keyner, y abuelos de seis nietos —todos fruto de un matrimonio sólido desde hace 28 años— Edwin Arce y Floribeth Mora no han tenido, como tantas parejas, un camino fácil. Entre muchas otras penas sufrieron la muerte prematura de uno de sus hijos, pero la confianza en Dios, por la intercesión de los santos, les ha permitido sortear con éxito todos los obstáculos, incluso uno de los más duros que han vivido hasta el momento: la sentencia de muerte dictada por los médicos a causa de un gravísimo problema de salud en el cerebro que ella sufrió en abril de 2011.

Floribeth jamás se preguntó: "¿Por qué a mí?". Está segura de que todo fue una prueba de fe y ella no pensaba rendirse ni siquiera en los momentos en los que la esperanza parecía esfumarse. No niega el miedo, el dolor físico y espiritual, porque nadie está preparado para la muerte, mucho menos una mujer a quien toda su familia necesitaba de una manera especial. Su padre ya no estaba ahí para consolarla, murió a causa de la diabetes, pero su madre sí pudo recordarle con pocas palabras y en un momento crítico los principios religiosos con los que la educó: "Confía en Dios y ámalo con todas tus fuerzas, con toda tu mente y todo tu corazón".

El segundo nombre de Floribeth, Fátima, demuestra no solo una devoción antigua de la familia Mora Díaz, sino un vínculo especial con Karol Wojtyla, puesto que fue precisamente la Virgen de Fátima quien protegió la vida del pontífice al sufrir un atentado el 13 de mayo de 1981.

A casi tres años de su recuperación, acaecida el 1 de mayo de 2011, a esta mujer continúan llenándosele los ojos de lágrimas, conmovida al recordar lo sucedido en una travesía que duró alrededor de un año y medio y que significó la recuperación no solo de su salud —el riesgo de un derrame cerebral de consecuencias fatales era inminente— sino de la unión y la fe de su familia. La intercesión que por ella hizo Juan Pablo II le dio a Floribeth una nueva oportunidad justo antes de cumplir su primer medio siglo de vida.

Es mucho el regalo que Dios me hizo. Ahora siento un gran compromiso. No me va a alcanzar la vida para agradecerle al Señor lo que ha hecho por mí. Soy su sierva y hago su voluntad. Quiero compartir mi testimonio de fe con el mundo, para que la gente sepa que Dios sí existe y que hace milagros con todos nosotros.

hipertensión. Aun así, nadie puede afirmar que haya una relación directa. Son tantos los síntomas de una patología como esta, que casi nadie busca en un cráneo silencioso. El médico suma factores de riesgo: diabetes, consumo activo o pasivo de tabaco o de hormonas sintéticas, exceso de colesterol en la sangre; consulta un historial para saber si hubo alguna vez infecciones graves, tumoraciones benignas o malignas; pregunta detalles sobre la alimentación y el ejercicio cuando el aneurisma ya está ahí, roto o a punto de romperse, descubierto gracias a un fuerte dolor en la cabeza. En este caso, igual que en muchos otros, conocer la causa del problema no desaparece el temor del paciente al recibir la noticia.

De acuerdo con especialistas del Instituto Nacional de Trastornos Neurológicos y Accidentes Cerebrovasculares, una entidad estadounidense dedicada principalmente a financiar investigaciones biomédicas relacionadas con este tipo de enfermedades, no solo existe un tipo de aneurisma cerebral. El nombre depende de la forma. El aneurisma sacular es el más frecuente; se ve como un pequeño saco adherido al vaso sanguíneo, semejante a un fruto colgando de una enredadera. Un aneurisma fusiforme, por su parte, consiste en el ensanchamiento de todas las paredes de la vena o arteria: el vaso sanguíneo a punto de reventar, de renunciar a sí mismo ante el menor descuido de quien involuntariamente le brinda hospedaje.

Tan pequeño como la goma de borrar de un lápiz o tan grande como una moneda de 25 centavos de dólar, un aneurisma, como bandera de la muerte, no discrimina a hombres o mujeres, a niños o ancianos; nos acecha a todos con la posibilidad de hacernos padecer un derrame cerebral, y en muchos casos cumple la amenaza. ¿Cómo adivinar lo que pasa a niveles microscópicos del cuerpo? ¿Cómo sanar la debilidad de las venas? ¿Cómo detener la pérdida interior de tejido? Todas las preguntas se refieren a las limitaciones humanas, incluso de la ciencia médica. Semejante a una máquina eficientísima y sorprendente, cercana a la perfección por la congruencia de sus funciones, el cuerpo humano depende de una serie de mecanismos diminutos capaces de provocar reacciones en cadena. Una fuga en los depósitos de combustible, un cortocircuito y el ciclo termina.

Con la muerte de cada persona desaparece una forma de entender el mundo, de amarlo, de sentirlo. El aneurisma fusiforme es menos común que el aneurisma sacular, pero suele ser más peligroso. En ocasiones, los especialistas cierran los vasos sanguíneos con un clip de metal para cancelar el flujo, pero no siempre se tiene acceso a todas las áreas del cerebro. La mano del hombre todavía no es capaz de intervenir aquellas partes que concentran la mayor irrigación de sangre, menos aún en las venas agigantadas. El más mínimo error tendría un precio muy alto. Si la persona ya sufrió un derrame cerebral es necesario evaluar la pertinencia de una operación, pues en ocasiones el cuadro empeoraría si esta se realiza: basta un estornudo, un esfuerzo mal calculado o una caída para que se inicie una nueva hemorragia. Si lo peor no sucedió durante el primer derrame, entonces sí sería seguro el principio del fin de una vida, de la mutilación irreparable de una familia.

Los primeros síntomas de Floribeth

El destino quiso que Floribeth Mora Díaz no supiera que tenía un aneurisma cerebral fusiforme cuando este era pequeño y sus tejidos venosos aún no se debilitaban lo suficiente como para desbordar su contenido. Eran las seis de la mañana del 8 de abril de 2011 cuando la historia que ahora no solo conocen los costarricenses sino, por su trascendencia, el resto del mundo, comenzó. La madre de cuatro hijos, abuela de cuatro nietos —dos de ellos a poco tiempo de nacer—, esposa, empleada y recientemente estudiante universitaria de derecho, despertó en su casa de Tres Ríos, en las afueras de Cartago en Costa Rica, con un agudísimo dolor de cabeza. Era cierto que con frecuencia tenía molestias de ese tipo, pero la intensidad del que padeció esa mañana no tenía punto de comparación.

El sufrimiento era indescriptible. Floribeth no podía hacer nada más que sostener su cabeza, como tratando de evitar que algo dentro de ella reventara. Apoyando sus dos manos sobre el cráneo, contuvo el terror ante la sensación de un peligro latente.

Todavía era muy pronto para saber con certeza de qué se trataba. La idea era evitar un desprendimiento, aliviar la presión que sentía totalmente inclinada hacia el lado derecho de su cerebro, "era algo que nunca había sentido", aseguró. Llegó el vómito, como un flujo incontrolable, involuntario. No había causas aparentes. El líquido devuelto por el estómago era exagerado. Parecía que dos partes importantes de su cuerpo se rebelaban anunciando un problema que podría tener consecuencias fatales. Después comenzó a tener dificultades en la parte izquierda de su cuerpo: no era capaz de controlar sus movimientos.

Temerosa, desconcertada por las reacciones que observaba en su organismo, Floribeth pidió a su marido que la llevara de inmediato al hospital. La incertidumbre era una tortura, no solo el dolor. Edwin, preocupado y lleno de angustia, actuó con valentía y la condujo al Hospital Max Peralta, en la ciudad de Cartago.

Dos horas después, un médico emitía el primer diagnóstico: todo era causado por el estrés acumulado, por exceso de trabajo. La solución, inyectarla para detener el intenso dolor de cabeza y el incesante vómito que la exponía al riesgo de deshidratación. Las cosas parecían volver a la calma, pero ella intuía un problema mucho más fuerte.

Todavía se recuerda en esas instalaciones médicas, sentada en una silla de ruedas, con la necesidad de volver el cuerpo hacia un lado, hacia la derecha, porque el costado izquierdo lo sentía fragmentado, débil. En su interior tenía la sensación incierta de que algo dentro de su cabeza estaba al límite, quebrándose. Faltaba descifrar la causa.

Pese a la intensidad del dolor sufrido horas antes, Floribeth tuvo energía suficiente para levantarse al día siguiente. Se bañó y se preparó para ir a la facultad, a la que había decidido inscribirse para especializarse en leyes y conocer los alcances del derecho individual y comunitario de su país.

El dolor no había desaparecido del todo; la molestia persistía. Edwin decidió que lo mejor era llevarla a descansar de tantas exigencias, laborales, escolares e incluso domésticas, a una casa de su propiedad localizada en Nandayure, Guanacaste, al noroeste de Costa Rica. Allá estuvieron tres días buscando la calma que necesitaban después del susto. Ninguno de los dos imaginaba que bastaba un esfuerzo extra, un accidente aparentemente sin importancia, el capricho de una vena escondida, para que sucediera una tragedia. "Resulta que me la llevé y allá estuvimos tres días. Pero, Dios mío, nunca me imaginé que lo que yo llevaba era una bomba en las manos —recuerda Edwin aún incrédulo—. Mi esposa se me hubiera muerto en cualquier lugar".

Transcurrió el tiempo y el dolor de cabeza no abandonaba a Floribeth. Parecía que no era descanso lo que necesitaba. Su molestia no era emocional, no se debía al agobio cotidiano, sino que había algo más. Camino de regreso a la ciudad, decidieron consultar nuevamente a otro especialista en salud. En San José se detuvieron en una farmacia en busca de un nuevo diagnóstico y un medicamento que calmara definitivamente el síntoma. Como parte de la evaluación de

rutina, y también como parte ineludible del protocolo que se sigue ante un dolor tan agudo y persisten-
te como el de Floribeth, la doctora encargada de la
farmacia le tomó la presión arterial dándose cuenta
de que esta era demasiado alta. Aunado a la persis-
tencia del dolor, este síntoma era, con seguridad, la
manifestación de una enfermedad más grave. Llena
de prudencia, la doctora pidió a la pareja que fuera de
inmediato a un hospital.

Derrame de sangre en el cerebro

"Entonces mi esposo —narró Floribeth—, me llevó con
un amigo suyo que es médico y que tiene una clínica
privada". Se trataba del doctor Ronald Castellón Rodríguez, internista en la clínica privada Los Ángeles y
asistente especialista del servicio médico del Hospital
Max Peralta, ubicado en Cartago. Él era el médico de
cabecera de la familia desde hacía algunos años; conocía perfectamente el historial clínico de la paciente
y nunca consideró siquiera que sus vasos sanguíneos
estuvieran algún día en riesgo de reventarse. A veces
ella acudía a consulta por malestares menores, como
gripes, pero en general era una mujer sana, que había
tenido intervenciones quirúrgicas solo en uno de sus
partos. En esta ocasión, Edwin Arce le llevó a su esposa en una situación distinta. Era el 12 de abril de 2011.

La pareja narró a Castellón el intenso dolor que no
le permitía a Floribeth dormir por la noche y que la

incapacitaba para cumplir con todas sus actividades y el fuerte episodio de vómito y el aturdimiento sufridos el primer día, así como la evidente disminución de la capacidad motriz de la pierna y el brazo izquierdos. El médico, luego de evaluarla físicamente, sospechó que el cerebro estaba sangrando. Floribeth le aclaró que ese dolor no se parecía a ningún otro sufrido con anterioridad.

> El médico me examinó, me hizo movimientos en los brazos y piernas; me revisó el fondo de los ojos, y al hacerlo detectó que tenía un derrame, una gotita de sangre en el cerebro, que me estaba perjudicando y provocaba el fuerte dolor que tenía.

Los síntomas de un aneurisma cerebral roto provocan en la mayoría de los pacientes un dolor indescriptible. Con frecuencia hay dolor encima y detrás de los ojos, además de una debilidad muscular que puede derivar en parálisis de un lado de la cara, o incluso del cuerpo, siempre del lado opuesto a donde se localiza la hemorragia, ya sea el aneurisma de tipo sacular o fusiforme. Las pupilas se dilatan, la persona nota cambios en su visión. Una vez que la vena o la arteria estalla, el paciente es víctima de un dolor intenso en la cabeza con náuseas y vómito. No es capaz de controlar sus movimientos. En algunos casos puede llegar a perder el conocimiento. "El peor dolor de mi vida", dicen los pacientes cuando describen la intensidad de una dolencia craneal antes de sufrir convulsiones o entrar en estado de coma.

Aun con el fuerte dolor que sufrió del lado derecho de la cabeza y las consecuencias del mismo en el lado izquierdo del cuerpo, Floribeth tuvo la fortaleza física para llegar a consulta con su médico familiar y recibir el terrible diagnóstico.

Para Castellón, sorprendido por los síntomas, lo más importante era practicar una resonancia magnética nuclear. Imaginaba cuál sería el resultado pero quería estar seguro. Era necesario obtener una imagen de los vasos sanguíneos del cerebro tal y como estaban realmente para saber si alguno de ellos se había roto. Hubiera deseado que la sangre observada en el fondo del ojo no lo hubiera hecho pensar en un derrame cerebral, pero las pruebas estaban a la vista. Desafortunadamente, las resonancias magnéticas eran un procedimiento imposible de hacer en Cartago ya que las unidades médicas no contaban con el equipo necesario, pero como contar con un diagnóstico inmediato era crucial, en esa primera etapa se le practicó una tomografía axial computarizada (TAC) en el Hospital Max Peralta.

Como no tenía recursos suficientes para internarse, Floribeth se quedó en el área de emergencias toda la noche y unas horas más del día siguiente. El derrame cerebral era casi un hecho comprobado solo con la primera revisión del médico, pero una imagen del cerebro más confiable se obtendría solamente por medio de angioarteriografías o arteriografías intracraneanas. Este método implica el uso de un catéter, es invasivo, doloroso y de alta especialidad.

Para referir a su paciente con un médico de la capital, el doctor Ronald Castellón debía utilizar los recursos disponibles. La TAC era un método no invasivo y con un considerable grado de fiabilidad. Recostada y sosteniendo a ratos el aliento, Floribeth obtuvo una serie de imágenes de su cráneo, gracias a una máquina diseñada para capturarlo con rayos X. En pocos minutos, revisando la impresión enviada por la computadora, el médico confirmó sus temores.

En efecto, se trataba de un derrame cerebral causado por un aneurisma. Todavía no era posible saber con certeza cuáles eran las condiciones del accidente vascular; lo que sí era seguro era que se trataba de un asunto de vida o muerte para la esposa de Edwin. El doctor Castellón explica que luego de un diagnóstico como ese, en el mejor de los casos se esperan dos situaciones: la primera, ver un vaso sanguíneo roto, causado por un aneurisma tan pequeño que no necesite intervención; la segunda, encontrarse con una vena o arteria dañada que se pueda embolizar, es decir, cerrar con un clip de aluminio.

El aneurisma de Floribeth no era pequeño; el doctor consideró imposible cerrarlo. La arteria cerebral media era demasiado débil y estaba muy gruesa. Un enorme balón parecía insertado en el interior de un vaso sanguíneo situado en una parte muy delicada del cerebro. Sí, sencillamente era inoperable. Cualquier intervención podría agravar el problema. Era cuestión de tiempo. "En ese momento, mi amigo —recuerda Edwin— me dijo: 'Esto es muy delicado, ella está mal'. Así me dijo: 'Ella está mal. Vamos a mandarla al hospital para que le den el tratamiento que tengan que darle'. Me lo dijo aparte, sin que ella se diera cuenta". Luego de evaluar diversas posibilidades, Castellón no pudo recomendar otra cosa a la pareja que seguir las indicaciones médicas y ponerse en manos de Dios. Ante las limitaciones de la ciencia médica en ese momento, especialmente para esa paciente a quien tan bien conocía y a cuya familia apreciaba, lo mejor era eso. "En ese momento pensé en Dios", afirmó el médico.

Angustiado por la mala noticia, Edwin sentía que entraba en una etapa de su vida mucho más difícil que la suma de todo lo enfrentado con anterioridad. Él y su esposa vivían de manera sencilla. La crianza de sus hijos, la pérdida de uno de ellos y la convivencia normal en pareja provocaron no pocos problemas; pero pensarse solo, sin su compañera de vida, lo hizo reaccionar y valorarla, darse cuenta de que ella era un elemento muy importante no solo para él sino para sus hijos y sus nietos; para los hermanos de Floribeth, quienes la veían como una mujer entera, llena de vida, y para la madre, que ya tenía una edad avanzada y no soportaría la muerte de una de sus hijas menores.

Trató de que su esposa no sufriera demasiado con las sospechas del médico. Era necesario realizar ese nuevo estudio donde se reflejaría con mayor precisión la verdad. Edwin tenía la esperanza de que se tratara de un error. La situación en los hospitales era nueva, los sentimientos también. Su corazón comenzó a abrigar dudas y temores, pero debía llenarse de fuerza, o al menos aparentarla, para acompañar a Floribeth en lo bueno y en lo malo. No podía dejarse vencer en esos momentos por la inseguridad. Era hora de mantener viva la fe, de encomendarse a Dios y pedirle a Juan Pablo II, futuro beato, interceder por la causa de la familia.

La confirmación de una mala noticia

La pareja llevó los resultados obtenidos en la TAC por el doctor Ronald Castellón en Cartago a un hospital de clase A, el Calderón Guardia, en San José de Costa Rica. Este contaba con el equipo necesario para realizar una arteriografía craneana, la prueba de contraste que ayudaría a identificar con precisión la arteria que sangraba y a conocer su estado, su fragilidad. El procedimiento estuvo a cargo del doctor Alejandro Vargas Román, médico cirujano endovascular con 22 años ejerciendo la especialidad de neurocirugía, y quien, en su experiencia, cuenta con el tratamiento exitoso de una infinidad de casos parecidos a los de Floribeth Mora, en los que un paciente sufre los estragos de un aneurisma fusiforme estallado.

Al recibir los análisis que ya le habían hecho a la esposa de Edwin en un hospital más pequeño, Vargas Román no dudó en cerciorarse de que la paciente era víctima de un sangrado cerebral. En esta ocasión las circunstancias lo obligaron a utilizar un método invasivo y doloroso. No había otra manera de profundizar en el diagnóstico. Lo adecuado era practicar una angioarteriografía, un procedimiento que para el paciente es similar a una pequeña cirugía porque se aplica anestesia. Floribeth tenía en sus manos una pequeña estampa de Juan Pablo II. Se hacía acompañar de él en esos momentos porque lo consideraba más cerca de Dios que ella. Además del miedo natural que la invadía en ese nuevo hospital, le preocupaba algo más: era alérgica a la anestesia. Como no había alternativa, depositó su fuerza en la imagen y apretó las manos.

Con la estampa se ayudó para tener fortaleza y enviarle luz al médico en su labor. "Que Dios ilumine sus manos en este procedimiento. Que Dios nos acompañe", pidió. Era seguidora del pontífice desde muchos años antes, y admiraba en él no solo esa santidad que todos los feligreses podían advertir ante su presencia, sino su capacidad para soportar los dolores de la vida. Pese a sus enfermedades, Juan Pablo II mostraba una actitud amable, una mirada fuerte; eso era lo que ella quería aprender de él: la sabiduría del representante de la Iglesia frente al dolor y la adversidad. Para Floribeth, ese hombre de origen polaco era capaz de hablar directamente con Dios e interceder por su salud y por la integridad de su familia, que necesitaba por sobre todas las cosas.

Para saber si la sangre en el cerebro fluía y cómo, los médicos colocaron a Floribeth sobre una mesa de rayos x. La inmovilizaron y la sedaron levemente para que su nerviosismo no interfiriera con el estudio médico. Un monitor midió sus latidos ya que es importante ver cómo trabaja el corazón, si bombea sangre. Se colocaron sensores en sus brazos, en sus piernas, incluso del lado izquierdo del cuerpo, cuya debilidad tanto lastimaba el corazón de Floribeth, también en el lado derecho de la cabeza, desde donde amenazaba un escurrimiento de líquido rojo. Lo que no podía hacer el doctor Castellón en Cartago lo hizo el doctor Vargas en la capital. Limpió y anestesió una parte del cuerpo de su paciente. Introdujo una fina sonda, un catéter en una arteria, y la condujo, subiendo, despacio, con cuidado, por el cuerpo de la mujer.

Un objeto extraño recorrió esos minutos el interior de Floribeth; minutos muy largos para ella, más que por lo impresionante del estudio médico, porque todo indicaba que tenía algo grave, nada curable con un tratamiento casero, con tranquilidad, con el amor de sus hijos. Hubiera sido bueno que tuviera razón el primer doctor: estrés, cansancio. Pero no, estaba allí a merced de los especialistas que se cercioraban de que el catéter llegara al lugar indicado, que recorriera por dentro los vasos sanguíneos hasta arribar al cráneo, y luego, al fin, inyectara la tinta especial que serviría de contraste para mostrar de una vez por todas si había venas o arterias obstruidas, dañadas, rotas. La arteria cerebral media derecha tenía un aneurisma fusiforme que había estallado. Ahora tenían que traer de regreso el catéter jalando hacia el lado contrario y detener el flujo de sangre que provocó donde se introdujo. Vendar, apretar y prepararse para dar una terrible noticia a la familia.

Las personas que sufren derrames como el de Floribeth solo tienen tres posibilidades. La primera es morir al momento: su cuerpo no tiene otra reacción frente a la hemorragia más que apagarse. La segunda es entrar en un estado crítico, de mucha gravedad, con daños severos en el sistema nervioso, su movilidad afectada a tal grado que el siguiente paso es la incapacidad y la muerte. La tercera es experimentar un dolor agudísimo, terrible, pero tener tiempo de ir a un médico especialista para recibir un diagnóstico que permita saber si es posible intervenir o si el caso es incurable. Aunque Floribeth tuvo la suerte de no morir ni sufrir daños físicos severos, el panorama era desolador. Corría un riesgo neurológico muy importante, y además, su aneurisma no era el más común, el sacular, no era nada más una bolita adherida al conducto sanguíneo, sino que la vena, demasiado débil, ya no podía realizar sus funciones.

La primera reacción del doctor Vargas fue consultar con colegas de otras partes de América Latina, incluso de España. Fue a un congreso médico en México donde consultó el caso con varios especialistas. Buscaba alguna alternativa en la literatura médica, en la voz de otros especialistas que con una experiencia semejante quizá tuvieran la posibilidad de salvar la vida de Floribeth. Si por azares del destino se hubiera detectado el aneurisma en una fase temprana, probablemente la solución hubiera sido menos riesgosa. Es posible que un seguimiento médico para mantener vigilado y controlado el crecimiento venoso hubiera podido reducir los factores de riesgo; pero este aneurisma era gigante. Por lo general, aunque cada caso es tan único como las personas, existen dos formas de intervención quirúrgica para los aneurismas cerebrales cuando no están rotos. Las dos cirugías son riesgosas, pero la posibilidad de complicaciones aumenta dependiendo del estado de salud general, la edad y los antecedentes clínicos y familiares del paciente. El aneurisma intervenido siempre puede estallar por un mal movimiento, es decir, porque ya no puede resistir un estímulo más. La mano médica, queriendo solucionar el problema, puede ser la causa de un derrame cerebral ocurrido después de la cirugía.

Los vasos sanguíneos con aneurismas se pueden cerrar con un clip de aluminio. El procedimiento se llama clipado microvascular y consiste en cerrar definitivamente el paso de sangre por la vena o arteria. Hay que anestesiar a la persona, abrir el cuero cabelludo y extraer el fragmento de cráneo debajo del cual se encuentra el aneurisma. El trabajo es meticuloso. El neurocirujano debe observar con microscopio, encontrar el lugar exacto e identificar el pequeño conducto responsable del dolor para aislarlo con un elemento metálico que se quedará durante toda la vida en el cuerpo del paciente. Esta es la solución en muchos casos. El clip casi siempre evita que la vena cause problemas, y con suerte ayuda a que la persona se olvide de este tipo de dolor.

Otra posibilidad consiste en cerrar la arteria completa que nutre de sangre al aneurisma. También, algunas veces, el especialista puede recanalizar el flujo sanguíneo y reparar el daño sustituyendo de alguna manera la parte frágil del vaso. O puede embolizar, es decir, introducir un catéter, como cuando se hace la arteriografía, pero esta vez inyectando pequeños balones de látex que, gracias a una reacción química, coagularán la sangre para sellar por dentro el aneurisma. Esto significará una barrera artificial que, en los casos exitosos, ya no permitirá que la sangre fuerce más las débiles paredes del canal.

Pero no siempre se puede intervenir. A veces, y como en todo, faltan soluciones. En ese momento, la realidad se mostraba dura, sin consideración alguna para Floribeth y quienes la amaban. No había nada más por hacer en su caso. Cualquier intervención podría haber ocasionado una nueva hemorragia.

Lo más prudente y lo mejor que podía hacer el especialista era recomendar un tratamiento conservador. Si hasta entonces el suyo había sido un caso afortunado por no terminar en muerte, Floribeth no podía confiar en tener la misma suerte una próxima vez. En un panorama favorable, un nuevo sangrado aumentaría sus problemas de movilidad y con seguridad le causaría pérdida del lenguaje; ya no podría realizar ninguna de las actividades que le apasionaban: el estudio de las leyes, su trabajo, sus labores como madre y el disfrute de sus nietos, sobre todo de los dos que estaban por llegar. En el peor de los casos moriría de improviso: mientras durmiera o en el transcurso del día, al estar hablando con sus hijos o estudiando.

Por Floribeth solo se podía hacer una cosa: controlar sus síntomas con medicamentos. Ella tendría que protegerse de los esfuerzos, no exponerse a factores de riesgo y cuidar sus hábitos, la alimentación, mantenerse tranquila. Se le pronosticó un mes más de vida. Lo mejor era mantenerla sedada, que durmiera todo lo que le fuera posible para evitar un accidente involuntario. El pronóstico para una persona que ya sufrió un estallido de esta índole es reservado. A los 48 años, casi medio siglo de vida, la paciente podía fácilmente estar entre el 40 por ciento que no sobrevive más de 24 horas tras un derrame, o entre el 25 por ciento que muere en menos de seis meses por las complicaciones relacionadas con el mismo.

Aunque Edwin quería recibir nuevamente el diagnóstico a solas, en el hospital consideraron una obligación moral decirles a ambos que necesitaban tener muchos cuidados, pero que pese a seguir las indicaciones el riesgo de muerte estaba latente y no perdonaba. Que las posibilidades de un derrame severo y letal aumentan 2 por ciento cada año y se acumulan, pero que puede desafiar los pronósticos y ocurrir pronto. En una opinión honesta, había que prepararse para que ocurriera lo peor en menos de 30 días. Era todo lo que un médico podía prometer dadas las condiciones del aneurisma.

Como era Semana Santa y los especialistas no tenían otra solución salvo controlar con medicamentos el dolor y la presión arterial de Floribeth, la dieron de alta del hospital capitalino para que la pasara con los suyos. La tarea de su marido y de sus hijos era dejarla descansar, no darle disgustos. Le recetaron un tratamiento sedante para que pasara la mayor parte del tiempo durmiendo. Era la mejor forma de evitar un nuevo derrame. Floribeth, por su parte, se deprimió terriblemente, porque además de la incertidumbre sobre su salud se sintió demasiado cerca de la muerte: mientras estuvo interna, en la cama de al lado falleció un joven de apenas 23 años de edad.

Devoción familiar a Juan Pablo II

Edwin estaba desesperado. No entendía por qué los médicos, a pesar de toda su experiencia y preparación, no eran capaces de devolverle la salud a su compañera. Buscó al subdirector y al director del centro médico en sus oficinas. No sabía qué hacer con una orden de salida en las manos, la ropa y las súplicas de una mujer a la que amaba y admiraba, de la que no quería separarse nunca.

Me puse muy nervioso, sentí miedo, se me salían las lágrima. Yo no quería llorar frente a ella porque ya había llorado bastante. Ella se me quedó viendo y me dijo: "Mi amor, no me dejes morir, yo no quiero morirme". Yo le decía: "No, mi amor, yo te voy a ayudar". Pero por dentro pensaba: "¿Cómo la puedo ayudar si estoy encerrado en un círculo del que no puedo salir?". ¿Qué podía hacer en ese caso? Yo la consolaba, pero por dentro me sentía despedazado. El doctor me dijo: "Aquí no podemos hacer nada, con la operación ella corre el riesgo de morir. Si no llegara a morir quedaría en estado vegetal".

Fueron días llenos de tristeza. Impotente, Edwin presenció los momentos más duros de Floribeth, pero nada se comparaba con el temor de perderla, primero cuando aparecieron los síntomas de un aparente mal estado emocional y luego con el diagnóstico del médico de cabecera en Cartago, con los dolorosos estudios realizados en San José. Desesperación ante los límites de los hospitales pequeños, de la ciencia médica. Y también de la comprensión humana, porque ni los doctores ni ellos, como pareja, sabían qué esperar del futuro inmediato, hasta dónde podrían, juntos, cuidar a sus hijos, conocer a sus nietos. Para Edwin era muy claro que el núcleo familiar se rompería si ella, la mujer con la que se casó, llegara a faltar. Y sentía una inmensa responsabilidad de cuidarla y al mismo tiempo la impotencia de estar limitado en sus alcances humanos. Ella era sin duda una mujer buena, trabajadora, gran madre, gran esposa y no podía soportar verla postrada en una cama.

Ante su desesperación, los médicos sugirieron buscar alternativas en otros países, en lugares que contaban con el equipo necesario para realizar un procedimiento de riesgo si la familia así lo decidía. Edwin salió del hospital. Quería pensar. Estaba tan confundido que se sentía en un lugar extraño, lejos de todo y de todos. Cuando se recuperó llamó a sus hijos para explicarles el estado de Floribeth. Les habló del diagnóstico de los médicos, de aquella vena letal en el cerebro de su madre y de una leve esperanza si los ayudaba la hermana de Edwin que radica en México. Tendrían que llamarle y pedirle que localizara un buen hospital especializado en ese tipo de casos y pacientes. Había esperanza, y aunque escuchaba a su familia y sabía que todos lucharían por la vida de Floribeth, en su mente resonaban las palabras que la ciencia parecía obligarlo a aceptar: no había salvación, no había nada qué hacer.

Su mujer era otra. Estaba cansada, desesperada, con un inevitable temor a la muerte. Necesitaba fuerza y esta solo podía venir de su marido, así que pese a las ganas de llorar se mantuvo firme. La abrazaba tratando de apaciguarla mientras contenía un gran nudo en la garganta. Estaba dispuesto a vender todo lo que tenía para salvar a su mujer.

Durante los siete días que estuvo internada en el Hospital Calderón Guardia, Floribeth conservó una estampa del papa Juan Pablo II, ese hombre santo para Edwin incluso antes de la ceremonia de beatificación. Karol Wojtyla era una fuerza para la familia desde que visitó Costa Rica, y ese hombre que trabajaba para la policía custodiando el trayecto que recorrió el Papa sintió que se le doblaban las piernas ante su presencia. No era ajeno considerarlo como un intercesor de los Arce Mora ante Dios, "porque el Papa estaba más cerca de Él que nosotros. Yo le pedí: Juan Pablo II, ayúdenos. Deme fortaleza para seguir adelante junto con mi esposa".

Si bien era cierto que hay otros santos a los que un católico puede solicitar la realización de un milagro a todas luces imposible, y que la familia también es devota de la Virgen de los Ángeles, la admiración hacia las virtudes del Papa unificaron la fe de Floribeth y de Edwin. Para ella lo más importante siempre fue el ejemplo que ese hombre, a pocos días de ser beatificado, daba al mundo, ya fueran las sociedades fieles o no al mismo credo. Wojtyla padeció dolores inimaginables, emocionales durante la primera parte de su vida, cuando la juventud le ayudó a soportarlos, y físicos en el último trayecto de su vida, cuando su fe y su comprensión lo mismo del amor que del sufrimiento humano le permitieron ser un ejemplo inequívoco para todo aquel que padece y no encuentra consuelo.

La reacción de la familia

Antes de salir del hospital y una vez conociendo el diagnóstico, Floribeth quiso hablar con toda su familia. No negó su miedo pero estaba encomendada a Dios mediante la figura de Juan Pablo II, cuya imagen la acompañaba. Luego de tantos exámenes estaba segura de que debía prepararlo todo para cuando ya no estuviera en el mundo. Quiso ser ella quien les pidiera a sus hijos amor y solidaridad hacia Edwin, un hombre ejemplar que en adelante tendría que arreglárselas solo. A sus hermanos les pidió que lo ayudaran a cuidar de sus hijos como una extensión de ella. Después de todo sus nueve hermanos representaban ese mismo abrazo materno que ella les daba. Hijos y hermanos la bendijeron. En un acto de gran humildad, Floribeth pidió perdón por pequeñas o grandes faltas en su conducta hacia ellos. Fue perdonada. Ella también les dio su bendición.

Jacqueline Mora Díaz recuerda que lo primero que hizo cuando se enteró del diagnóstico de su hermana fue correr al templo. Arrodillada y llorando oró suplicante. Quería el favor de la vida para Floribeth porque ella tenía hijos por los cuales velar. Estaba segura de que si la medicina ya no podía salvarla, el poder estaba en una fuerza más grande.

Durante esos días en el hospital nos permitieron pasar una por una a hablar con ella. Recuerdo que el ratito que me tocó a mí conversamos de los hijos, de su preocupación de que ella no se quería morir. Su preocupación principal eran sus hijos, su esposo, sus nietas, en ese momento. Uno no tiene palabras cuando alguien le dice a uno que no se quiere morir, y usted no tiene palabras porque en realidad solo Dios es el que decide, y a uno, a veces, le da miedo contradecirlo, decir no va a pasar nada, uno no sabe cuál es la voluntad de Dios. Lo único que podía decirle era que rogáramos a Dios para que todo saliera bien. Ella estaba preocupada; rezamos, yo la persigné ese día; ella quería ver a todos sus hijos; entonces, nosotros nos retiramos porque el resto de la familia estaba en casa de mi mamá, esperando saber noticias.

Ni ella ni el resto de sus hermanos podían creer lo que estaba pasando. Floribeth, una de las menores, estaba despidiéndose de ellos y eso iba en contra de la ley natural. El resto de los hermanos Mora Díaz se encontraba sano pero con el corazón contrito. Era muy complicado aceptar que en pocos días las cosas ya no serían las mismas para los hijos y el esposo de Flory, como le dicen. Tenían que pensar ahora en su mamá, la señora Valeria Antonia Díaz Palma: cómo llegar con una noticia así, la de una hija, de las pequeñas, al borde de la muerte, ante una madre de 89 años y con la salud mermada por la hipertensión, vulnerable siempre a las malas noticias.

Entré al cuarto de mi mamá y ella estaba rezando el rosario, como siempre. Me acuerdo de que traté de explicarle cuál era el estado de salud de Floribeth, pero ella me interrumpió y me dijo: "Yo soy su mamá, ¿por qué me lo ocultan si soy su mamá? A mí me tienen que hablar con claridad". Y entonces le dije lo que el doctor nos había dicho y que teníamos que prepararnos. Ese fue mi primer sentimiento, prepararse, la parte lógica de uno. Recuerdo que mi mamá me dijo: "En mi corazón yo siento que eso no es así". Para mí fue un golpe, no sabía si pensar que ella no quería aceptar la realidad o si a mí me faltaba fe. Entonces salí y fui a hablar con mis hermanos. Y hablamos de cómo apoyar a sus hijos en esos momentos tan difíciles y acordamos que algunos iríamos a su casa para atenderlos mientras Flory estaba con su esposo en el hospital.

UNA VOZ ANUNCIA EL MILAGRO

Llorando como un niño en una banca del hospital, Edwin pedía con fuerza a Dios ese milagro que los alejara de lo que parecía una pesadilla. No quería quedarse solo sin el apoyo de su mujer, no podía permitir que una enfermedad se la quitara. Pensaba en la reacción de sus hijos cuando los viera frente a frente y tuviera que darles la noticia. Su hija y su nuera, embarazadas, necesitarían de Floribeth para cimentar su familia, para que los nuevos integrantes conocieran el amor que unía a sus abuelos y los principios con los que ellos criaron a su descendencia, con modestia y humildad pero sobre todo con devoción religiosa. Edwin no sabía cuál era el siguiente paso, no estaba seguro de lo que debía hacer luego de recibir dos diagnósticos negativos. Se preguntaba qué tan probable era llevarla a otro país y se planteó, sin ninguna duda, la posibilidad de vender todo lo que poseía para viajar con su mujer y buscar una alternativa que les trajera otra vez la calma.

Me senté en una banca afuera del hospital, agaché la cabeza y me quedé un rato llorando. Yo decía: "Dios mío, ayúdame. Karol Wojtyla, Juan Pablo II, no me deje solo, no me deje solo, ayúdeme, creo en usted, Santo Papa. Juan Pablo II usted es un santo para mí, ayúdeme, ayúdeme". Y recuerdo, como si ocurriera ahora, que una voz me dice: "No tengas miedo, llévatela, llévatela". Me repitió: "Llévatela" dos veces. "No tengas miedo, llévatela, llévatela". Todavía me quedé ahí, pensando, llorando, con la fe que tengo, pero le falta fe a uno porque todavía me quedé ahí, dudando. Me levanté y pensé: "Él me dice llévatela, me la voy a llevar".

Por un momento lo asaltó la duda. No sabía si había escuchado la voz de aquel hombre a quien tanto respetaba y a quien él y su esposa rezaban con fervor, o si esas palabras reflejaban el deseo de ver sana a Floribeth. Edwin miró hacia los lados buscando a un acompañante involuntario, quizá el familiar de otro enfermo hablando con alguien más. Pero estaba solo, y conforme reflexionó y repasó los matices de aquella voz entendió que era, efectivamente, la de Juan Pablo II. Él ya intercedía por su causa.

El dolor que lo oprimía por dentro se fue atenuando. Ahora, lleno de consuelo, inundado por una paz repentina e inexplicable, fue de inmediato a la habitación del hospital donde descansaba su mujer. Ya no necesitaba fingirse fuerte. Cuando ella le repitió su miedo a morir él decidió no hablarle del dulce sonido que había escuchado, no sabía si ella le creería, pero estaba seguro de que no moriría. Vería nacer a sus nietos. Estaría con él y con sus hijos, sin duda, mucho tiempo más. Le dijo que no temiera, que en ese momento se irían a casa. Avisó a las enfermeras, pidió la cuenta y ayudó a su compañera a cambiarse de ropa con una sola certeza: recibirían la ayuda de Dios, no importaba lo que le dijeron los médicos al salir: "Ella le puede durar una hora, dos horas, un día, un mes, o tal vez más, pero va a morir". Él ya tenía un motivo para mantener la esperanza.

Primeros días en casa

Después de siete días Floribeth estaba cansada de estar en una cama de hospital, fuera de casa. Adolorida y fatigada por la magnitud de los estudios que le realizaron, por la fragilidad de su salud física, y más aún por la falta de respuestas por parte de la ciencia y la incertidumbre padecida no solo por ella sino por sus seres queridos, llegó a su casa en Tres Ríos. Edwin tenía la responsabilidad, impuesta por los médicos, de mantenerla dormida, y ella no iba a entorpecer la tarea de su esposo, menos aún si con la labor que Edwin realizaría en adelante, de manera responsable, como un ritual, le prometía, al menos en teoría, unas semanas más de vida. Él sería el encargado de contar las horas entre cada dosis. Tendría en adelante la responsabilidad de mantenerla viva, aunque fuera de esa manera, un poco ausente. Cada día los dedos del esposo colocaron una pastilla entre los labios de la esposa. Sobrevenía el sueño. Sus párpados se cerraban incluso frente a las personas más amadas.

Los estragos del medicamento no se hicieron esperar. Se debilitó. No se alimentaba como antes, con la misma frecuencia. El sueño se lo impedía. Además, no podía convivir con sus hijos. Nada podía perturbarla; era preferible que no se moviera. Era una forma de vida artificial que le evitaba el contacto directo con su entorno. Tan peligroso era un cuadro de gripe como uno de estreñimiento. El cuerpo no podía esforzarse más, ya eran suficientes la debilidad corporal y el deterioro continuo. La pierna izquierda no sostenía su cuerpo. La mano izquierda no era capaz de sujetar un bolso o cualquier utensilio: una servilleta, un tenedor, una cuchara. La capacidad de movimiento era cada vez más reducida.

El hijo menor de los Arce Mora, Keyner, acompañó a su mamá todo esos días sentado en una sillita, a un costado de la cama, con los ojos asustados y muy abiertos, expectante.

Fueron muchas las ocasiones en las que alguno de los cuatro hijos se acercó a su madre para hablar con ella. Ellos conocían muy bien el riesgo de perderla. Escucharon preocupados y dolidos que tanto el doctor Ronald Castellón como el doctor Alejandro Vargas hicieron todo lo que la ciencia puso en sus manos, pero que la esperanza de vida era muy pobre. Seguramente quedarían huérfanos. Solo con suerte pasarían varios meses en los que Floribeth seguiría respirando. Si el azar los traicionaba ella dejaría de hacerlo en unos pocos días, quizá horas. Conocían pocos detalles de la enfermedad por decisión de sus padres.

La única certeza era la de acompañarla en su dolor, por más duro que eso fuera. Querían escucharla porque la amaban pero también porque necesitaban su consejo; sin embargo, era tal la fuerza de los medicamentos que apenas comenzaban a hablar Floribeth se quedaba dormida. La receta médica no incluía una advertencia que para los Arce Mora se volvió día a día más clara: esposo, hijos, nietos, hermanos y madre debían renunciar, durante varias semanas, a la relación profunda que hasta entonces habían sostenido con ella. Su tarea fue, en cambio, aceptar gradualmente que iba en declive, luego de que los especialistas anunciaran su muerte próxima.

Para una persona sana comer, reír, sostener un vaso de agua son tareas triviales que no implican mayor esfuerzo, pero para una persona que sufre las consecuencias de un derrame cerebral son trabajos imposibles. A veces, cuando creyó que era vital distraerla para evitar una depresión, la familia se esforzó por reincorporar a Floribeth a las actividades cotidianas. La ayudaron a levantarse para comer en la cocina e incluso a vestirse y salir de casa. Débiles su cuerpo y sus certezas respecto al futuro inmediato, ella recuerda las dificultades que tuvo para maniobrar el alimento con los utensilios. Desayunar, comer y cenar la obligaron durante esas semanas a coordinar movimientos demasiado precisos que su cerebro no estuvo en condiciones de lograr. Lo mismo sucedía cuando salía de casa. Su brazo izquierdo no era capaz de sostener un bolso de mano, le faltaba fuerza para llevar un objeto tan simple y familiar.

El sufrimiento de Edwin era semejante, sobre todo durante la noche. Tenía miedo de cerrar los ojos y entregarse al sueño. Lo aterraba pensar que ella no respirara más. Despertar y tocar su cuerpo frío, hallarla muerta y tener la responsabilidad de levantarse, dar la noticia a sus hijos, sus cuñados, su suegra.

Y seguir como fuera la vida en adelante, sin rendirse, pero ahora solo, desmotivado. Era mejor no dormir. No dejar que el cansancio lo venciera. Si por momentos se descubría inconsciente, de inmediato se incorporaba, tocaba a su esposa con el codo, con la punta de los dedos, medía su temperatura, sus signos vitales. Tampoco dejaba que se la llevara un sueño. Que ya no tuviera palabras para despedirse porque se las robaba un medicamento o la misma noche. Era mejor despertarla. Saber cómo se sentía. Todo mientras salía otra vez el sol y él podía nuevamente confiar en su vista. Darle la mano al tiempo y moverse con él. Ver a su esposa cada hora, cada minuto, de acuerdo con una frecuencia dictada por el alma.

La fe de la familia era firme pero nadie podía esconder su propia humanidad: el temor frente a sucesos que superan la comprensión y las capacidades terrenales. Para Floribeth era duro lo que sucedía en su cuerpo, sin embargo, era mucho más complicado lidiar con la preocupación de sus seres queridos. Cómo tranquilizarlos si ella misma sabía que la necesitaban y que su ausencia rompería la estabilidad que habían construido durante tantos años. Cómo contagiarlos de valor si ella temblaba. Voz y pulso se rompían continuamente al hablar con los suyos. La madre, la esposa, la abuela, la hija, la hermana, la estudiante, la trabajadora se despedía de un mundo que no sabría estar sin ella.

El próximo examen se realizaría en algunos meses. Los médicos le dijeron que no podían prever el desarrollo de su caso. Quedaba seguir las indicaciones médicas, y por supuesto encomendarse a Dios, porque tanto el doctor Castellón como el doctor Vargas eran católicos. Floribeth pensó que el tiempo ya no le alcanzaría para acudir a la siguiente cita. Tenía que permanecer adormecida y ver cuánto tiempo resistía. ¿Cuántas horas faltaban para que la vena que dudaba en su interior por fin estallara? No sabía cuánto tiempo quedaba realmente para ver los rostros de sus hijos y bendecir los vientres de donde llegarían sus nuevos nietos. No quedaba más que cerrar los ojos y rezar.

Nunca pensó que llegaría a su nueva revisión médica solo para ver que el aneurisma, antes semejante a un cruel reloj de arena, había desaparecido.

Capítulo 3
El milagro

Los católicos del mundo entero celebraron durante esas fechas la Semana Santa. Fiel a su religión, Floribeth no quiso dejar pasar el 24 de abril, día de Pascua, sin ir a misa para orar, no solo por su salud, la cual deseaba más que ninguna otra cosa, sino por la causa anhelada por cada uno de los miembros de su familia y de su comunidad. A pesar de los dolores acumulados en su cuerpo y del estado crítico en el que se encontraba, decidió utilizar las fuerzas que le quedaban para ir al templo de Nuestra Señora del Pilar. Faltaba una semana para que se llevara a cabo la ceremonia de beatificación de Juan Pablo II y quería prepararse para la ocasión.

Probablemente le quedaba poco tiempo de vida, pero cualquiera que este fuera, ella decidió luchar hasta el final, dar todo de sí buscando un milagro. Aunque la enfermedad en muchas ocasiones pone a prueba la fe, y tanto Floribeth como Edwin aceptan muchos momentos de incertidumbre, si en algo podían sostenerse era en su confianza de que Juan Pablo II los acompañaba e intercedía, en la medida posible, por ellos.

Sobresalían, entre todos los recuerdos, la imagen del Papa descansando con un gesto de bondad en las manos de Floribeth mientras la diagnosticaban en el hospital de San José, y también aquella voz gentil y a la vez firme que él escuchó mientras esperaba el resultado de ese mismo análisis.

En la víspera de la beatificación, con motivo de la fiesta de la Divina Misericordia se llevó a cabo la procesión con el Santísimo Sacramento. Los Arce Mora salieron a presenciarla y tuvieron un momento que pronto entenderían como señal de un suceso extraordinario por venir.

Ese día, Edwin y Floribeth estaban fuera de casa. Él no quería que ella durmiera sin distraerse un poco, así que estaban paseando por Tres Ríos cuando vieron, primero, un gran número de automóviles y luego una procesión encabezada por el párroco de la iglesia a la que ellos acuden con frecuencia, Sergio Valverde, quien había crecido con Floribeth en un entorno de pobreza pero de una profunda religiosidad. El padre Sergio había seguido todo el proceso de la enfermedad de Floribeth.

> Yo la vi muy enferma cuando venía a la iglesia. Yo le doy testimonio porque la conocí joven y ya casada, y cuando estaba muy mal la vi "secándose". Ella era una muchacha esbelta, bonita, trabajadora, llena de vida, como toda joven. Y aun casada era toda una señora, llena de vida. Y de un momento a otro la vimos llegar y no era la misma, incluso la vi que arrastraba una de sus piernas, la izquierda, y el

brazo izquierdo no podía sostener nada, se le caían las cosas. Entonces fue cuando vimos a su familia llorar, venir a encender velitas y llorar. Su mamá me pidió que la visitara para orar por su hija que estaba muy mal. Llegó el momento en que su esposo me dijo que orara mucho por ella porque la ciencia ya le había dicho que humanamente ya no había nada qué hacer. Para ese esposo no fue fácil, porque él la ama y ella a él, sin embargo, él permaneció constante y firme en la oración y estuvo a su lado en los momentos duros, en misa, Hora Santa y siempre orando a Juan Pablo II. De ordinario ella traía alguna estampa del Papa, y siempre habían dos intenciones en la misa: las de doña Flory y las mías a Juan Pablo II, siempre iban juntas y eso nos unió más.

Ese día participaban en la procesión unas siete mil personas. El padre Sergio no se percató de su presencia, solo recuerda que de repente impartió una bendición con el Santísimo. Parecía un mensaje celestial que se materializaba en ese instante para motivarlos a resistir, confiados en que alguien cuidaba siempre de ellos.

"A mí me dio frío —confiesa Edwin—. Sentí tranquilidad y al mismo tiempo miedo. Dije: 'Dios mío, tú estás con nosotros. ¿Qué está pasando?'". Al detenerse la procesión en el parque decidieron ir a buscar la bendición. El padre Sergio recuerda así ese momento:

Yo solo sé que el Señor me detuvo ahí, que cuando llegaron ante el Santísimo yo no sabía si yo lo llevo a Él o si Él me llevaba a mí. Solo sé que me detuve y les di la bendición. Si yo le dijera que fue algo programado estaría mintiendo y no quiero fallarle al Señor.

Pocos minutos más tarde el padre Sergio pronunció una frase clave en este proceso: "Aquí hay una sanación". El padre Sergio me explicó:

Esto se llama "don de ciencia". El Señor humildemente me dio el don de ciencia en ese momento. Yo dije que había una mujer que había sido sanada por el Señor en ese momento, no tengo claro si dije de qué estaba siendo sanada. A mí, siendo pecador, el Señor me dice en ocasiones si hay alguien que está siendo sanado y me dice de qué; después uno pide que si alguien recibió la sanación dé testimonio y siempre pasa, a veces son dos o tres personas. No es que siempre que hago una oración suceda, pero sí muy a menudo.

¡Es algo tan extraordinario! No es algo que se escuche, es algo que se siente... es como si penetrara todo mi ser. No es algo auditivo, más que oírse es algo más allá del nivel mental, es algo del alma donde usted siente que algo profundo le es revelado. No es un conocimiento que me enseñaron, no viene de fuera, viene de adentro, contrariamente al conocimiento humano. Y, humildemente, siempre que me pasa es comprobable que han sanado; a veces son 10 o 15 personas, aquí mismo en el templo cuando expongo al Santísimo. Siempre que ha sucedido está el Santísimo.

Ella lloró y dijo para sí misma "Habla de mí".

"Yo quiero decirle algo —me comentó el padre Sergio—, siempre que el Señor da el don de ciencia la otra persona siente el deseo de decir 'Soy yo' y esa persona experimenta la sanación y sabe que es ella". La pareja estaba segura de que el milagro sería para ellos.

Y agregó:

Solo Dios sabe en qué momento actuó ; lo que sí puedo ase-
gurarle es que orábamos todos los días por ella al Papa. Ese
día la celebración era en su honor porque la fiesta de la Divina Misericordia la instituyó Juan Pablo II y no por casualidad
será llevado a los altares ese día. Estábamos rezándole a él.
Estábamos cantando: "Juan Pablo, amigo, Costa Rica está
contigo", y luego cantamos otra que canto todos los días
de mi vida y que en Cristo Rey todos se la saben: "No tengáis miedo, no tengáis miedo, no tengáis miedo, abrid las
puertas de par en par a Jesucristo y a su poder de salvación,
de par en par. No tengáis miedo que Cristo sabe lo que hay
dentro del hombre, solo Él lo sabe, solo Él lo sabe...".

La gente no está acostumbrada a la santidad, en cambio
cuando uno —y no por ser un santo porque soy un pecador, pero me gusta la santidad— se acostumbra a ella se da
cuenta de que entre los santos eso es normal, así como para
nosotros los pecadores es normal tomar café o comer pan,
para los santos los milagros son normales. ¿Por qué es tan
extraordinario y vemos pocos casos? Porque el mundo no
quiere ser santo y se queda solo en lo superficial y se olvida
de las cosas del Cielo.

El padre Sergio se enteró varias semanas más
tarde de lo que había sucedido en su procesión e
inmediatamente después durante la ceremonia de
beatificación.

Días antes, mientras Floribeth dormía en su recámara
a consecuencia de los sedantes, el resto de la familia
decidió erigir un pequeño altar en la casa con tres imágenes que veneraban: la del Niño Jesús, la de la Virgen
de Fátima y la de Juan Pablo II.

Si bien ella siguió cabalmente las indicaciones médicas por considerarlas la única alternativa para permanecer durante más tiempo al lado de los suyos, también lo hizo siguiendo el precepto católico de "ayúdate que yo te ayudaré". Pese al temor de morir que la invadía y con frecuencia la sobrepasaba, estaba convencida de que si cerraba las puertas al miedo y sacaba a flote su valentía estaría más cerca de las enseñanzas que dio con su ejemplo Juan Pablo II, un hombre que pese a sufrir atentados, a la oposición que encontró durante algunos de sus viajes y al deterioro físico causado inevitablemente por el tiempo, vivió de tal forma que quien lo conocía de una y otra manera, ya fuera personalmente o a través de los medios de comunicación, se contagiaba de fortaleza para enfrentar cualquier situación, por más complicada que esta fuera. No en vano algunas de las frases más representativas del Papa se recogen en el himno: "Abrid las puertas a Cristo, no tengáis miedo, abre tu corazón al amor de Dios".

Floribeth no podía dejarse vencer. Mucho menos si su marido la cuidaba con tanta dedicación. No quería abandonarlo ahora que él daba renovadas muestras de amor y tiernísimas pruebas de lealtad. Tampoco a sus hijos, quienes pese a que ya comenzaban una vida independiente viendo crecer a sus propios hijos, estaban ahí, demostrando que la necesitaban demasiado y que ni siquiera imaginaban despedirla. Los rencores se perdonaron y los buenos deseos, igual que las bendiciones, se repartieron. Pero no era hora de romper los lazos familiares. Dos bebés estaban por llegar y algo debía enseñarles su abuela sobre el sentido de la vida. No era justo cerrar los labios para evitar los medicamentos y tampoco rendirse. Una familia entera presenciaba cada instante de esos duros momentos y Floribeth no podía sino demostrarles, convirtiéndose en ejemplo, que no debe haber fuerza más grande que la de la fe, aun cuando todas las posibilidades se hayan agotado.

A pocas horas de iniciar la ceremonia de beatificación de Juan Pablo II, Edwin le llevó las pastillas para dormir. Ella estaba decidida a no tomarlas esa noche porque quería ver, desde el principio, cómo las autoridades de la Iglesia católica, allá en el Vaticano, declaraban beato a Karol Wojtyla. Sin embargo, respetuosa de su tratamiento y sin deseos de contradecir a quienes la cuidaban, aceptó la sustancia para dormir artificialmente. Había ocasiones en las que no era bueno olvidarse del mundo porque estar en él significaba una alegría: ver el rostro de su madre y de sus hermanos, seguir el embarazo de su hija y de su nuera o sentir el amor de su marido. En este caso hubiera preferido no dormir para formar parte del reconocimiento que se hacía al Papa, pero no pudo más que permanecer despierta la mayor cantidad de tiempo posible. Tuvo deseos de no tomar la pastilla ese día porque estaba segura de algo: si seguía la ceremonia, aunque fuera delante del televisor, obtendría lo que anhelaba tanto y que durante tantos años tuvo y ahora le parecía tan lejana: salud.

Era de madrugada en Costa Rica. Con siete horas de diferencia, en el Vaticano ya era de día. Del otro lado del mundo se adelantaba el 1 de mayo y al nombre de Juan Pablo II se anteponía oficialmente el sustantivo de "beatitud". Aquejada por el dolor y el cansancio, Floribeth encendió el televisor durante la madrugada. Benedicto XVI, sucesor de Juan Pablo II, encabezaba una misa de beatificación que en Costa Rica se vivió como una gran fiesta. Miles de personas provenientes de todos los rincones del país se reunieron en el Estadio Nacional. Días antes, a Floribeth le regalaron un suplemento que traía en la portada, en blanco y negro, la imagen del futuro santo abriendo los brazos en señal de amistad hacia creyentes y no creyentes. El hombre de origen polaco que besó ese suelo en 1983 y que llevó alegría y esperanza especialmente a los enfermos, recibía un merecido honor. A través de grandes pantallas dispuestas en la vía pública los costarricenses siguieron con emoción el proceso. Permanecer en vigilia de oración esa noche fue la mejor manera de expresar su contento.

A seis años de su muerte, Karol Wojtyla era recordado por su sucesor en la homilía como un hombre que emanó siempre un "perfume de santidad", especialmente por la manera en la que enfrentó diversas clases de sufrimiento. Gracias a la tecnología, Floribeth pudo compensar su deseo de ir a San José. En cualquier momento se quedaría dormida sin remedio, no sin antes darse cuenta de que en Roma había decenas de banderas diferentes, y que cada una de ellas representaba, seguramente, una nación tocada por Juan Pablo II en alguno de sus viajes. Vio a un nuevo pontífice sentado en la Plaza de San Pedro, cuya actitud respetuosa y humilde, incluso añorante, daba testimonio del dolor que había dejado en la comunidad católica la ausencia del Papa viajero, compensada ahora por la promesa de su pronta canonización. Sentado debajo de una imagen ampliada de su antecesor, Benedicto XVI pronunciaba la fórmula de beatificación de Juan Pablo II.

Durante las primeras horas del segundo domingo de Pascua, Floribeth permaneció despierta tanto como le fue posible. Después de la misa, en algún momento no resistió más y se quedó profundamente dormida. Como su salud era un tema que preocupaba constantemente a los suyos, algunos de sus familiares decidieron ir al Estadio Nacional en su nombre para insistir en la petición de un milagro que la sanara. Jacqueline recuerda que se enteró de la transmisión pública gracias a la Asociación de Obras del Espíritu Santo.

Fue inevitable revivir la sensación que le causó ver al Papa durante su visita a Costa Rica. Ella tenía 15 años. No supo con certeza qué era, pero algo en ese hombre hacía que sus emociones se desbordaran. La presencia de Dios se materializaba en Juan Pablo II, no había duda de que tenía la capacidad de realizar milagros. Fue por esto que, aunque compartía la dicha por su beatificación, llegó con la intención de orar piadosamente dolida por la tragedia que se anunciaba hacía poco menos de un mes en su familia. La acompañaron su esposo y su hijo.

Llegamos con el corazón contrito, adolorido. Llegamos con angustia y con dolor, con las preguntas que uno se hace cuando alguien de la familia está enfermo. Yo le pedí al Papa que intercediera en todas las peticiones, no solo en la de mi hermana. Si él quería sanarnos lo haría para gloria y honra de Dios, no para beneficiar a hombres o nombres. Sería para que el mundo supiera que, incluso en esta época tan triste en la que a veces no hay esperanza, él sigue haciendo milagros. Para mí el Papa ya era un santo no porque fuera un hombre perfecto, sino porque a través de su humanidad nos enseñó a sobrellevar el sufrimiento, el dolor y la enfermedad. A veces uno veía un cuerpo enfermo en él, pero uno le veía la mirada en la televisión y era un espíritu fuerte.

Jacqueline corrió entre la multitud para tocar al Santísimo pidiéndole la intercesión a Juan Pablo II y llegó un momento en que todas sus angustias desaparecieron. Se llenó de confianza y paz. Su esposo, que salió un momento de las gradas, trajo consigo varias imágenes del Papa con el Señor de la Misericordia. Una estampa era para Jacqueline, otra para Floribeth y otra para la madre de ambas.

Mientras, en su casa, Floribeth dormía después de recordar que hacía alrededor de 30 años estuvo en el antiguo Estadio Nacional. En esa época, celebraba llena de entusiasmo la llegada del Papa a su país. En aquella ocasión él pidió a los jóvenes decir "no al egoísmo, no a la injusticia, no a la desesperanza, no al odio y a la violencia, no a los caminos sin Dios", y que dijeran "sí a la fe, sí a la justicia, sí al amor, sí a la paz, sí a la solidaridad especialmente con los más necesitados, sí a la esperanza". Aquellas palabras formaban ya parte de su manera de entender la vida.

Floribeth se durmió pensando que realmente quería vivir para ver crecer y hacer sus vidas a sus hijos y a sus nietos. Aunque algunos no lo verbalizaran, sabía que estaban llenos de un miedo profundo a perderla. Ellos, sobre todo Gabriela y Edwin, lloraban mucho porque no se sentían preparados para seguir su camino solos. Floribeth quería conocer a sus dos nuevos nietos y ser parte de aquella fortaleza ganada por su familia frente a la adversidad. Su marido y sus hijos formaban un núcleo resistente, parecido a una piedra preciosa forjada por el tiempo, capaz de soportarlo todo. El amor familiar estaba superando una gran prueba.

EL MILAGRO DE JUAN PABLO II

Eran las 8:30 de la mañana de ese memorable 1 de mayo, domingo de la Divina Misericordia, cuando Floribeth despertó. Lo sabe bien porque al abrir los ojos su atención se centró inmediatamente en un reloj colocado en una de las esquinas de la recámara. Procuró moverse despacio, tal como se lo recomendaban los médicos, atendiendo a las necesidades de su cuerpo que se despertaba de una larga pausa. Se incorporó a medias con parsimonia, sin prisa, en ese ambiente de serenidad matutina. Su marido ya se había levantado y ella cumplió con la costumbre diaria de persignarse dando gracias a Dios por concederle un nuevo día de vida. Luego observó con detenimiento la revista que conservaba sobre la televisión. Era la que le regalaron conmemorando la beatificación de Juan Pablo II, a propósito de la gran celebración que se llevó a cabo esa madrugada en Costa Rica en el Estadio Nacional.

Y sucedió lo inesperado. De algún lugar surgió una voz que le dijo: "Levántate". Al principio Floribeth miró a su alrededor. Estaba sola. Efectivamente, Edwin ya había salido de la habitación y estaba en la cocina preparando el desayuno de la familia para que ella no se preocupara por sus hijos. Aún sorprendida por la palabra que escuchó y con la mirada fija sobre la imagen en blanco y negro que tenía enfrente, observó cómo las manos del beato salían del papel en forma de una especie de humo blanco y hacían una señal que la invitaba, tal como indicaba la voz, a levantarse de la cama. Sin recuperarse de todo lo que presenciaba, escuchó nuevamente la frase: "Levántate, no tengas miedo". Sí, no lo imaginaba. Era la misma voz de Juan Pablo II. Le quedó claro, sin lugar a una sola duda, que esa era la forma en la que el Papa viajero materializaba su presencia en la vida de la familia. Sin dejar de mirar la revista, Floribeth segura, casi por instinto, respondió: "Sí, señor". No había otra respuesta posible a ese llamado, así que movió las piernas y se levantó cuando sus pies tocaron el piso. Quería demostrarse a sí misma, antes de ver a los demás, que realmente era capaz de estar de pie sin sentir las molestias a las que pensaba que debía acostumbrarse para siempre.

Asombrada no nada más por la manifestación del beato, sino también por sentirse con la energía física suficiente para ir a la cocina sin ayuda, Floribeth afirma que desde ese instante se renovó también su espíritu. Todo parecía haberla devuelto a sus mejores tiempos, en los que era una mujer que se sabía sana e iba y venía de la casa al trabajo, de la casa a la universidad. No sabía explicar con exactitud lo que ocurría, pero sentía una tranquilidad profundísima desde la que intuía el futuro. Era más que un presentimiento: estaba curada. Recordaría eternamente el primer día de mayo como aquel en el que desaparecieron los rastros de su derrame cerebral y comenzó a recuperarse de la debilidad sufrida en el lado izquierdo del cuerpo. Contenta se dirigió a la cocina. Ahí estaba Edwin, a quien le extrañó mucho verla levantada. Después de tantos días de cansancio en los que el temor a perder a su esposa le provocaba una quemadura interior, ella estaba ahí tan tranquila, como si la tormenta emotiva causada por la enfermedad se hubiera calmado por fin y hubiera traído en su lugar un día soleado.

Edwin tuvo dudas. Era natural que se inquietara, pero vio a su esposa tan bien que no quiso importunarla con preguntas inútiles. Cualquier mejoría en la salud, por mínima que fuera, tenía que celebrarse aunque fuera desde el silencio. Sospechaba, sin que ella lo explicara, cuáles eran los sentimientos de su mujer en esos momentos. Floribeth no solo demostraba mayor capacidad de movimiento. No le dolía nada. Ya no estaba débil. Y había algo que ella se guardaba aún en secreto tan poderoso que le permitió levantarse de la cama después de estar en riesgo de muerte. En ambos desaparecieron el dolor y el miedo. De pronto, alguien muy cercano a Dios lo había transformado todo. Floribeth no estaba segura de cómo le contaría a su familia lo que había vivido esa mañana. Juan Pablo II intercedió por ella pero no tenía manera de comprobarlo. Sus hijos y su marido pensarían que alucinaba, que esos brazos no habían salido del papel sino que se trataba más bien de un efecto causado por los medicamentos. No les dijo nada; por ahora sería suficiente su mejoría. Supo calmar la ansiedad de su esposo cuando él preguntó qué hacía levantada, respondiendo escueta y cálidamente.

Mi sorpresa fue cuando la vi ahí, en la cocina. Yo le pregunté: "Mi amor, ¿qué está haciendo aquí? Vaya, acuéstese, yo ahorita le llevo el desayuno". Ella respondió: "No, ya no me voy a acostar más". Para mí fue una gran alegría verla con ese ánimo, volví a ver a mi esposa otra vez como era antes de estar en cama. Era muy triste para mí verla cuando nada más abría los ojos. Se sentaba un rato a hablar conmigo y se quedaba dormida. Cuando ella me dijo: "No, ya no me voy a acostar más" le pregunté: "¿Por qué, mi amor, te sientes bien?". Contestó: "Sí, estoy bien, estoy muy bien". Le dije que no tenía que levantarse si no podía caminar, pero yo la vi caminando normal.

Durante varios días Floribeth calló lo que había presenciado. No es que fuera un secreto, sino que esperó el momento idóneo para hacérselo saber primero a Edwin, quien estuvo más cerca de ella, resistiendo el dolor desde que el doctor Castellón le dio en privado los primeros detalles del diagnóstico, y luego a sus hijos, quienes conocían los riesgos de la enfermedad pero que no estaban completamente enterados de lo que significaba la presencia del aneurisma cerebral fusiforme. Días después la intuición dictó el momento de revelar el milagro. Floribeth, sintiéndose preparada para defenderse ante cualquier argumento en contra, le contó a su marido sobre la voz y las manos de Juan Pablo II a unas horas de haber sido beatificado en Roma. Estaba dispuesta a explicar por qué lo ocurrido esa mañana en su recámara no podía ser consecuencia de los medicamentos. Estaba claro, por si los demás dudaban de su percepción, que la mejor prueba consistía en verla levantada, serena y sin dolencias.

Naturalmente, no fue necesario que Floribeth luchara por tener credibilidad. Su palabra inspiraba respeto entre los suyos, y tanto la fe de la familia hacia Juan Pablo II —intercesor de los Arce Mora ante Dios— como las múltiples muestras de gracia que sintieron durante las últimas semanas, eran señales suficientes para estar seguros de que un milagro se manifestaba ante sus ojos. Edwin descartó que su mujer hablara de una alucinación por un hecho simple: él también escuchó la voz del Papa viajero en uno de los momentos más difíciles de la travesía. Ese en el que salió del Hospital Calderón Guardia mientras su esposa era sometida a una arteriografía, en medio de muchas personas que parecían sufrir demasiado. Conforme se subían pisos la gente internada estaba más enferma. Incluso algunos pacientes muy jóvenes estaban desahuciados. Preocupado porque su mujer, al sentirse parte de ese entorno, quizá desarrollara un miedo paralizador que la llevara a perder la fe, y angustiado por no saber cuál era la mejor forma de guiar a sus hijos en caso de una desgracia, Edwin escuchó también una frase del beato por la cual se supo acompañado y bendecido: "Llévatela, no tengas miedo".

Entendía muy bien a su esposa. Él tampoco dijo nada antes porque no tenía manera de comprobar sus palabras. En instantes donde se desmoronaba por dentro creyó que la voz provenía de él mismo, de su deseo inconsciente por verse en una situación distinta. En el mejor de los casos, Juan Pablo II le pedía sacar a Floribeth de ese hospital para que ya no sufriera pensando por adelantado en la muerte, pero no sabía cuál sería el siguiente paso, si habría esperanzas para recuperar la normalidad. Confiaba de tal modo en Karol Wojtyla que no dejó de pedirle ayuda. Quería creer que el pontífice lo escuchaba y diciendo: "Llévatela", le estaba asegurando un milagro, pero era muy pronto para adelantarse. No podía ilusionar a su esposa y mucho menos a sus hijos. Esperaría hasta que algo les demostrara que, efectivamente, Dios dirigía su mirada hacia ellos gracias a las súplicas del Papa y había reaccionado amorosamente, desapareciendo los síntomas del derrame cerebral. Ese día tan esperado por Edwin llegó y le permitió compartir al fin su experiencia con la familia. Todo era verdad. Floribeth, llena de esperanza, quiso imaginar qué otras maravillas les esperaban. En tanto, su marido sintió que un escalofrío lo recorría por dentro. Pensó que no sabía cómo ni desde cuándo, pero Juan Pablo II, ese hombre para él ya santo, intervino para sanar a su esposa.

Cuatro milagros para los Arce Mora

Desde el principio fue difícil encontrar un equilibrio entre la terrible verdad que amenazaba la vida de Floribeth y aquello que necesitaba escuchar su familia. Sus hijos sabían que podían quedar huérfanos de un momento a otro. Que no podían molestar a su madre desde que le hicieron las pruebas tanto en el hospital de Cartago como en el de San José porque cualquier esfuerzo podría resultar fatal. Que había que cuidarla hasta de una gripe, estar al tanto de su alimentación y de las debilidades de su cuerpo, cuando dejaba caer las cosas de las manos. Era preciso evitar que ella misma cayera al suelo y no dejar de ser comprensivos. Entender que la mujer que les dio la vida no podría escuchar sus conversaciones porque el medicamento la condenaba a un estado de somnolencia continua, de evasión de la a veces dura vida cotidiana. Las actividades que su madre realizaba con tanta energía, ahora le costaban mucho trabajo. Sabían todo esto porque era inocultable, pero sus padres tomaron la decisión de no explicar con detalle de qué se trataba aquella mancha de sangre reflejada en el fondo del ojo de Floribeth para no preocuparlos. Edwin y su mujer imaginaron la gran angustia que sentirían sus vástagos al saber de una vena gigante que funcionaba como una bomba de tiempo.

Si hubiera sido por Floribeth, no hubiera dicho nada a sus hijos, mucho menos a Gabriela, embarazada por primera vez y a poco tiempo de dar a luz a Mateo. Era posible que una noticia de esa magnitud pusiera en riesgo la vida del niño. Como siempre fueron muy unidas, la hija necesitaba demasiado a la madre en esa nueva etapa de su vida. Los días en los que Floribeth estuvo sedada, Gabriela sufrió mucho porque quería compartirle sentimientos y sensaciones, preguntarle cómo sobrellevar de mejor manera cada una de ellas, pero era imposible. Aunque sus padres guardaban silencio, los sentimientos de Gabriela eran una manifestación de lo que sentían todos los hijos en esos momentos. Ocultaban llantos de impotencia y de angustia. Ahora que Floribeth se sabía curada las cosas cambiaron rápidamente. Se le veía en mucho mejor estado de salud, con mayor ánimo. Pero si no sabían lo que sucedía realmente con la enfermedad de su madre, resultaría complicado explicarles cómo fue que había ocurrido un milagro y el peligro había desaparecido. Terminaban esas largas tardes en las que cada uno de los hijos se detenía junto a la madre para dedicarle un cuidado, un cariño, una oración.

A su propia madre, Floribeth le debía una explicación de lo que había pasado. Habló con ella y le contó lo que vio. La voz de alivio, las manos del Papa, la inmediata mejoría con la recuperación de fuerzas físicas y espirituales. Sus nueve hermanos se enterarían por boca de la madre. Hasta ahí podía llegar la difusión del milagro. Floribeth aún no estaba convencida de hacerlo público por temor a las burlas de las personas incrédulas. "En estos tiempos —dice— la gente ya no es capaz de creer. Es difícil que alguien se convenza sin pruebas, así como así".

La noticia se extendió poco a poco entre los allegados. María Cecilia Abarca Alfaro, peluquera y vecina de los Arce Mora desde hace 35 años, dice que siempre estuvo al tanto de la salud de su amiga, tanto en los momentos de crisis como en los que ella sentía el gozo de la sanación. Un día Floribeth la visitó y ante la pregunta de María Cecilia sobre su estado de salud, porque era evidente la mejoría, supo la verdad: había ocurrido un milagro gracias a la intercesión de Juan Pablo II. Desapareció el rastro de un derrame cerebral causado por la debilidad de una vena. Sucedió lo que médica y científicamente se consideraba imposible. María Cecilia lo creyó todo de inmediato. Era evidente que su vecina hablaba con la verdad.

El Papa hizo realidad el deseo más ardiente de los Arce Mora, pero no fue el único. Floribeth y Edwin se convencieron de que Juan Pablo II les concedió un milagro más, uno que no se detuvieron a pedir pero que les había permitido atravesar la crisis: el reforzamiento de la fe y la unidad de la familia. Emocionada aún, con lágrimas en los ojos, Floribeth dice que le impresionó cómo su marido se dio cuenta de lo importante que era ella para él. Además, el resto de sus hijos fortalecieron sus lazos tanto familiares como hacia la religión. Algunos de ellos, por decisiones personales tenían tiempo alejados de la Iglesia, parecían olvidar los principios inculcados durante la infancia. Luego de atravesar los momentos difíciles con la enfermedad de su madre, los cuatro hijos comenzaron a darse cuenta de que era necesario acercarse a Dios, especialmente si la ciencia médica no tenía nada qué ofrecerles. El conocimiento humano, avanzado como estaba en cuestiones científicas, se veía atado de manos frente al caso de Floribeth y no había ninguna otra esperanza posible, salvo que viniera del cielo.

Edwin Arce Mora no participaba de las actividades de la iglesia en su localidad, pero ver mal a su madre lo llevó a suplicar a Juan Pablo II su intercesión. Era cierto que se alejó un tiempo del rito católico, pero no tenía dudas: se reincorporaba a la fe para poder estar más cerca de los santos. Quería ser escuchado por ellos, así que rezó "hasta decir basta". Su desesperación llegó al grado de ofrecer su vida a cambio de la de su madre. Era necesario que ella se quedara a acompañar a sus hijos porque francamente ninguno se sentía preparado para perderla. Para Edwin fue muy duro ver a sus padres mientras esperaban el resultado de los análisis.

No puedo olvidar el día que entré al hospital y vi a mi madre en estado crítico. Nos dio la bendición ese día. Se despidió de nosotros. Lloramos hasta decir basta; no nos queríamos ir del hospital, casi nos sacaron porque no queríamos separarnos de ella. Cuando se despidió ella me dijo: "Edwin, te amo mucho, cuida a tu familia, cuida a tus hermanas". Fue muy duro. Yo salí de ese hospital destrozado, y tomé a mis hijas y lloré con ellas; abracé a mi padre. Papi lloraba, era otro tipo de persona porque estaba perdido completamente.

Después de escuchar la manera en que el Papa viajero sanó definitivamente a su madre y de comprobarlo con el paso de los días, además de presenciar la recuperación emocional de su padre y de sentir la tranquilidad de sus hermanos, Edwin se llenó de agradecimiento. Aunque muchas personas no saben cómo responder a una gracia de esta magnitud, para él la respuesta era muy clara. Debía encontrar la forma de ser una mejor persona en todos los ámbitos. Las virtudes religiosas son muy claras pero no siempre es fácil seguirlas al pie de la letra. Hombres como el beato Juan Pablo II las ejercían con naturalidad porque eran parte de su esencia.

Motivado por los favores recibidos, Edwin estaba dispuesto a comportarse mejor de ahora en adelante. Esa era la manera de agradecer. Lo mismo hicieron dos hermanos de Floribeth, anteriormente alejados de la oración.

Otro milagro que recordaron entre todos fue el de la fecundidad, una ayuda que recibieron de Dios mediante Juan Pablo II —Edwin confiesa en todo momento haber pedido la intercesión de Juan Pablo II incluso cuando vivía— a favor de la continuidad de la familia. Quince años atrás había muerto el fruto del cuarto embarazo de Floribeth. Llena de ilusiones, la pareja padeció el dolor de sepultar a su bebé, renunciando a verlo crecer como al resto de los niños. Ni qué decir de la impresión que sintieron al recibir la noticia. Jamás pudieron olvidar las palabras de los médicos y la imagen del niño inerte. En el hospital les dijeron que a causa de esta pérdida ya no podrían tener más hijos. Floribeth estaba médicamente incapacitada para embarazarse de nuevo.

Dos años después de encomendarse a los santos de los que eran devotos, incluido el entonces Papa, Edwin y su mujer se enteraron de la llegada de Keyner, su hijo menor, quien nacería a los seis meses. Ante los riesgos por ser prematuro, nuevamente el dolor amenazaba a la familia. Era muy probable que el niño muriera. Floribeth temía presenciar otra vez un deceso antinatural, el de un ser que apenas tenía que comenzar a respirar, quedando pendientes su primera sonrisa, la primera vez que dijera el nombre de sus padres y conociera los gustos de sus pequeños hermanos. El destino ponía a los Arce Mora en otra encrucijada, pero ellos jamás se rindieron. Enlazaron sus manos y, después de llorar juntos, oraron a Juan Pablo II para que su pequeño resistiera y no se repitiera la historia. Su fe tuvo un fruto invaluable: la vida de Keyner. Lleno de salud, el hijo menor de Edwin y Floribeth ya tenía 14 años. Muy apegado a su madre ahora fue él quien se preocupó por perderla y el que disfrutó de la narración del nuevo milagro ocurrido en su casa.

La gracia no cesó con la unión de la familia y la desaparición del aneurisma. Una vez que Floribeth se curó debía viajar a Roma con su esposo para probar ante los médicos del Vaticano que su testimonio era verídico y digno de tomarse en cuenta para lograr la canonización de Karol Wojtyla. Durante su estancia en el Viejo Continente, la pareja costarricense llevó una serie de peticiones a la tumba del Papa, entre ellas la de Mónica Arce Mora, su hija, quien no podía embarazarse. Nuevamente Juan Pablo II atendió la súplica. Al poco tiempo Edwin y Floribeth esperaban otro nieto. La presencia divina era tan evidente para todos que Gabriela, quien ya había dado a luz y se embarazó nuevamente, decidió que su futuro retoño llevaría un nombre alusivo a la gracia de Dios. Una opción fue Milagro, pero se quedó con Victoria, porque tanto sus padres como sus hermanos fueron testigos del triunfo de la vida sobre la muerte.

LA PRUEBA DEL MILAGRO

Cuando salió del hospital, Floribeth consideró una falta de atención que los médicos la citaran cinco o seis meses después. Si la amenaza de muerte era tan inminente y nadie podía garantizarle más de un mes de vida, cómo era posible que la dejaran sin vigilancia médica durante varios meses. Lamentablemente, le explicaron los doctores Ronald Castellón y Alejandro Román, después de la tomografía axial computarizada (TAC) y de la arteriografía hechas a principios de año, en abril, nada podía hacerse. Nada más descansar y orar en compañía de su esposo y de sus hijos, llena de confianza en el restablecimiento de su salud. Los avances científicos no eran capaces de evitar un nuevo derrame cerebral. El único que podía intervenir era Dios, así que lo mejor era, por qué no, encomendarse al santo más milagroso para pedirle la vuelta a una vida normal, tal como la conocían los Arce Mora hasta antes de los primeros síntomas del aneurisma.

Después del milagro de Juan Pablo II, Floribeth estaba segura de su sanación. No tenía manera de comprobarlo. La gracia le llegó en mayo y todavía faltaban muchas semanas para recibir una nueva valoración por parte del especialista de San José, el doctor Alejandro Vargas Román. Entretanto, la familia entera no cesaba de dar gracias a Juan Pablo II cuando se enteraron, llenos de sorpresa, que una reliquia con la sangre de Karol Wojtyla llegaría a Costa Rica. Nunca se imaginaron que ese sería el inicio de una travesía en la que ellos serían protagonistas. Su caso se elegiría en Roma como la segunda prueba fehaciente de la santidad del Papa, y permitiría a quienes llevaban la causa en el Vaticano iniciar el proceso de canonización. Una familia latinoamericana sería reconocida mundialmente al dar testimonio del segundo milagro del pontífice.

Seis meses después del derrame cerebral, Floribeth se sometió a nuevos análisis de control. Ahora que se sabía curada la espera no le pareció larga. El temor a morir se había esfumado y con paciencia esperó y llegó a su cita. El médico le realizó una resonancia. Otra vez a Floribeth se le hacían pruebas médicas muy duras, pero esta vez las afrontó con tranquilidad. Sabía de antemano el resultado. Sobre una mesa angosta, debajo de un aparato parecido a una cápsula, Floribeth descansó su cuerpo. Su ropa no podía llevar metales para no interferir con las ondas de radio que revelarían las condiciones de su cerebro. Tampoco en su organismo. Por suerte, Floribeth había sido siempre muy sana y no había requerido antes de ninguna intervención quirúrgica que hubiera tenido que insertar algún metal en su cuerpo. Por suerte es una mujer sencilla y pocas veces ostenta joyas, relojes o ganchillos para el cabello que en ese momento le hubieran estorbado. Durante varios minutos, no menos de 30, se analizó minuciosamente el grosor de las venas cerebrales. Otra vez exploración de vasos y arterias, el temor de los médicos a que la bomba de tiempo siguiera viva. Eso era lo más probable. En este tipo de exámenes los nervios no ayudan. Otros pacientes se sienten sofocados por el encierro, por la ansiedad de recibir una mala noticia, pero Floribeth estaba serena. Paciente ejemplar, esperó con calma hasta el final del procedimiento.

"Yo iba tranquila, muy tranquila, no tenía miedo —recuerda la esposa de Edwin—, iba con una fe inquebrantable en lo que iba a ser. Cuando el doctor vio la resonancia se quedó sorprendido al no encontrar nada en el examen que se me había hecho. Ya no estaba el aneurisma". Efectivamente, al ver las imágenes tomadas del cráneo de Floribeth, el doctor no daba crédito a lo que veía. "Es que no hay nada", alcanzó a decir. Esa fue la primera confirmación concreta del milagro.

"Salimos muy emocionados del hospital. Yo, agradeciéndole al Señor, porque por la fe que yo tenía sabía que no tenía nada, yo iba con esa convicción". Para cumplir con el protocolo médico Floribeth se sometió a otra resonancia. Nuevamente, la ciencia ponía sus nervios a prueba, pero ella, llena de confianza, resistió en todo momento, aun cuando se enfrentaba, indefensa, a imponentes máquinas. La pregunta de quien realizó el examen lo decía todo: "¿Y a usted quién le dijo que tenía un aneurisma?".

La tecnología podría o no equivocarse en los resultados, quien no erraba era Floribeth en sus percepciones, porque además de desaparecer la mancha de sangre, reflejo del derrame cerebral ocurrido meses antes, no había secuelas físicas. Sí había una debilidad corporal del lado izquierdo, pero esta no avanzó de la manera en que predijeron los médicos, y lejos de ir perdiendo paulatinamente la capacidad de movimiento, ella se recuperó lenta pero constantemente. "Se suponía —explicó Floribeth— que el lado izquierdo de mi cuerpo debía estar paralizado, pero no, no está paralizado, nunca perdí el conocimiento, la vista, el movimiento y ninguno de mis miembros; camino perfectamente, continúo estudiando, sigo mi vida normal desde el primero de mayo, que me dijo que me levantara, hasta hoy".

Felices, Edwin y Floribeth llevaron el resultado al doctor Alejandro Vargas, el neurocirujano de San José, quien comprobó que los resultados reportaban condiciones normales. Al principio creyó que había una equivocación. Pensó que en la clínica se habían confundido. Era mucho más probable que alguien entregara los resultados de otro paciente a los Arce Mora que la desaparición del aneurisma fusiforme. Él mismo diagnosticó a Floribeth en abril y le dijo que su caso no tenía solución. El aneurisma, dadas sus condiciones, no podía engraparse, y cualquier otro tipo de intervención significaba un gran riesgo de muerte para la paciente. Para asegurarse de que esa resonancia estaba en lo correcto, Vargas revisó el análisis que se había hecho en su hospital, a fin de comparar las características de ambos cráneos. Cuál sería su sorpresa al ver que ambos correspondían a la misma persona.

Desconcertado, por momentos incrédulo, el médico se dio cuenta de que el diagnóstico era correcto. Pertenecía a Floribeth, a esa mujer que meses antes presentaba un derrame cerebral y corría el riesgo inevitable de tener otro con resultados devastadores. La causa era un aneurisma fusiforme del lado derecho del cráneo, ahora ausente. El doctor confirmó a Edwin y Floribeth la noticia, pero ellos ya lo sabían. Le explicaron, a riesgo de ser motivo de burla, que fueron bendecidos por Dios con un milagro. El neurocirujano, quien se declara creyente, lejos de dudar participó de esa alegría. No tenía argumentos en contra de la desaparición del derrame. Lo veía por sí mismo. No era razonablemente posible que una vena en esas condiciones de dilatación desapareciera.

En su desesperación por encontrar un tratamiento adecuado, Vargas Román expuso el caso en un simposio médico celebrado en México, en el que los médicos coincidieron en que no se habría podido operar. Lo más adecuado era prescribir un tratamiento conservador, que de cualquier manera no podría salvar la vida de la paciente. Sin restricciones al asumirse católico, el doctor acepta que durante su ejercicio profesional ha visto casos que le hacen pensar en la existencia de los milagros. Su fe nada tiene que ver con aceptar sus límites cuando, en ocasiones, suceden cosas inesperadas e inexplicables, como en Floribeth. "Todos los exámenes, tanto los realizados aquí como los que se hicieron en el Hospital Gemelli de Roma, demostraron que el aneurisma desapareció sin ninguna explicación médica", afirma.

En Costa Rica, el responsable de valorar las pruebas del caso clínico fue el médico Juan Antonio Valverde Espinoza, especialista en Neurología y Medicina Interna del Hospital Dr. Max Peralta de Cartago. Los resultados de su evaluación se enviaron posteriormente al Vaticano para completar el expediente cuyos detalles aprobarían más tarde, luego de una serie exhaustiva de exámenes, los médicos europeos. El doctor costarricense declaró, basado en sus amplios conocimientos sobre el tema, que no conoce estudios o reportes significativos de desaparición espontánea de aneurismas fusiformes sin procedimientos quirúrgicos. "No hay elementos científicos —expresó— que permitan explicar la desaparición del aneurisma". Para él, el hecho de que desapareciera la lesión arterial aneurismática en Floribeth "es un fenómeno que trasciende una explicación médica demostrable con los análisis existentes".

Por su parte, el doctor Luis Alejandro Sáenz Orozco, neurocirujano del mismo hospital, añadió que lo sucedido en este caso definitivamente no tiene explicación científica. El problema con los vasos sanguíneos de la paciente era muy claro y los resultados fatales eran ineludibles, por ello no se explica el buen desarrollo de la enfermedad durante varios meses, y mucho menos la sanación de Floribeth: "Los aneurismas fusiformes, si bien sangran en forma poco frecuente, usualmente no tienden a desaparecer, excepto que se tromboseen, produciendo un cuadro neurológico secundario, lo que no parece el caso".

Al preguntarle al doctor Alejandro Vargas Román cuáles eran sus impresiones una vez que hubo de enfrentarse directamente a la ciencia médica para comprobar y aceptar un milagro, respondió:

Por supuesto que la mayoría de los actos que uno lleva a cabo desde el punto de vista quirúrgico son científicos, en los que con el estudio y la práctica, con el conocimiento de las complicaciones, se resuelve la mayor parte de los casos. Pero hay otras circunstancias en la vida en las que uno está operando y hay como un sexto sentido, o un pequeño movimiento en la mano de uno. Yo lo he sentido y me ha servido para salvar a un paciente en una cirugía. A veces yo no me explico cómo hice una cosa si mi plan era otro. Es curioso, porque con otro paciente me pasó que estaba a punto de poner un clip en una arteria por un aneurisma; había mucho sangrado y casi no podía ver, y sentí que alguien guió mi mano. Para alguien que no cree parecerá una tontería, pero yo lo sentí, puse el clip y paró el sangrado, el paciente quedó sin déficit neurológico y se salvó. Hay cosas que a veces uno no entiende, y está escrito que Dios hizo milagros, así que, ¿por qué no creer que doña Floribeth sanó? Para eso están los milagros, para creer, y eso es parte de la fe cristiana.

Una vez obtenidas las pruebas ya no era necesario mantener el secreto. Edwin y Floribeth consideraban necesario que el mundo conociera este nuevo milagro de Juan Pablo II. Dejó de preocuparles qué pensaría el resto de la gente. Si desde la primera vez que Edwin escuchó una voz afuera del hospital buscó una manera de comprobarle a su esposa el final feliz de su enfermedad, y ella esperó el momento en que se sintió más fuerte para revelarle a su esposo las palabras dichas el 1 de mayo por Karol Wojtyla, esta vez nada los detendría para, juntos y tomados de la mano, preparados ante las adversidades que ello trajera consigo, propagar la noticia de una maravilla divina.

Lo que seguía era abrir los oídos de las autoridades vaticanas. Llamar su atención para que voltearan la mirada hacia un pequeño país en el continente americano y estuvieran dispuestas a evaluar la autenticidad de los análisis realizados hasta ese momento.

Capítulo 4
La canonización de Juan Pablo II

La reliquia de Juan Pablo II en Costa Rica

Dos meses después del milagro de Floribeth, aún mantenido en secreto, el país entero celebró la llegada de una reliquia de Juan Pablo II procedente de Polonia. Este suceso sería determinante para que el milagro costarricense fuera, casi dos años más tarde, el que permitiera la canonización de Karol Wojtyla. Sucedió que a mediados de 2011 Floribeth ya no tenía miedo de morir. Sus problemas de salud no desaparecían del todo y no estaría segura de su sanación sino hasta someterse a los análisis en su siguiente cita médica, pero estaba llena de paz. Edwin se preocupaba, sin embargo, por los problemas acumulados en el núcleo familiar, en la casa, en el trabajo. Se sentía tan abrumado que creyó necesario seguir cerca de Juan Pablo II. Ya el Papa les concedía una gracia impagable, pero aún en esas fechas no contaban con las pruebas necesarias para asegurarse de la curación de su esposa.

Agobiado, Edwin pedía constantemente ayuda al entonces beato. Seguía en busca de señales que le indicaran el camino correcto. Un domingo llevó de paseo a su mujer. Acostumbraba invitarla fuera de casa para relajarla de las tensiones domésticas. Entre otros lugares, fueron a la Basílica de Cartago para visitar a la Virgen de los Ángeles. Ya entrada la tarde, Edwin se acordó de un aviso transmitido en el noticiero. Hacía poco tiempo, el 2 de julio, había llegado a Costa Rica una gotita de sangre perteneciente a Juan Pablo II. Justo ese día podían verla en Cartago, en la iglesia de Paraíso. Sabían que probablemente, por la hora, no los dejarían pasar al templo donde se encontraba, pero eso no los desanimó. Tal como lo imaginaron, al llegar a la iglesia vieron las puertas cerradas y la luz apagada. Alguien salía del lugar y les preguntó qué se les ofrecía. Se trataba del sacristán y Edwin no desaprovechó la oportunidad de expresarle su deseo de ver la reliquia, pero recibió un no como respuesta. Se les pidió a los Arce Mora volver al siguiente día, a partir de las 8 de la mañana.

A pesar de explicarle que venían de Tres Ríos, el sacristán no podía dejarlos pasar. O eso creyó hasta que apareció otro hombre y le preguntó a Edwin y Floribeth a qué venían. El sacristán respondió que querían ver la gota de sangre y el segundo hombre respondió rápidamente: "Déjalos pasar". Era el padre Donald Solano, párroco de la iglesia encargada de proteger la reliquia de Juan Pablo II en esos días. Al preguntarle por qué contravino sus propios horarios e hizo una excepción abriéndoles las puertas para ver la reliquia sin conocerlos, responde que ni él mismo sabe el motivo por el cual se asomó a esa hora al parqueo y vio a su colaborador hablando con dos personas a la distancia.

Al aproximarse se dio cuenta de que venían de algún lugar no muy cercano y deseaban ver la gota de sangre de Karol Wojtyla. Su instinto le hizo acceder y los condujo a la casa cural.

Después de dar unos pasos el padre Donald Solano reconoce instantes de duda: "Soy honesto, en ese momento yo no los conocía, sentía temor de abrir las puertas de la casa cural a unas personas completamente desconocidas. Entonces les dije que me esperaran en la terraza y yo llevé ahí la reliquia; allí fue donde tuvieron el encuentro con ella". Sobre ese día, el padre recuerda que llegó mucha gente a ver la reliquia de Juan Pablo II. El templo se hallaba a medio construir y no había seguridad, las puertas y ventanas no eran seguras, así que todos los accesos se amarraron con alambre para proteger el interior. No se podía dejar nada de valor dentro de la iglesia, por eso la gotita de sangre se resguardó en la casa cural. Por si esto fuera poco, la reliquia estaba cubierta por un vidrio muy delgado. Tanta era la fragilidad del material que si se tocaba demasiado podía quebrarse. Si eso sucedía perdería su valor porque se destruirían todos los sellos que la validaban como auténtica.

El padre Donald Solano cuidó mucho la reliquia. No le permitía tocarla a cualquiera pero ese día, alrededor de las 7:30 de la noche, sin razón alguna, abrió la puerta a la pareja y dejó que la mujer la tocara nada más porque la reliquia no estaba en el interior del templo, sino en la casa cural. Él le pidió tener mucho cuidado y sostenerla bien. "Ella se emocionó muchísimo

—recuerda el sacerdote— y el esposo tuvo que ayudarla a sujetarla porque seguro le dio miedo que por la emoción fuera a dejarla caer. Solo ellos sabían lo que estaban viviendo en ese momento, yo era un testigo mudo". Al principio el padre Donald creyó ver en el rostro de la pareja una necesidad apremiante de tocar la reliquia y creyó que pedirían una intercesión, pero al ver cómo Floribeth lloraba y agradecía, se dio cuenta de que era una acción de gracias hacia Juan Pablo II porque él les había concedido un milagro. Edwin sostenía en sus brazos a su mujer mientras ella decía: "¡Gracias Juan Pablo! ¡Gracias Juan Pablo! ¡Estoy sana!". El clérigo no quiso molestarla. Permaneció callado para respetar el encuentro. Tanto él como el sacristán ya estaban por salir. El padre Donald incluso ya no llevaba puesto su traje clerical.

Edwin recuerda bien esos momentos porque le pareció significativo el hecho de que el sacerdote le acercara e incluso permitiera tocar la reliquia a su esposa. Floribeth se persignó y abrazó el contenedor de sangre. Edwin se acercó y abrazó a su esposa y desde ahí tomó aire para contarle al padre Donald que Juan Pablo II intercedió por ellos ante Dios y se les concedió un milagro. El párroco, gratamente sorprendido, les contó que la gotita de sangre se encontraba en el templo hacía dos días gracias a un sacerdote polaco, Dariusz Rás, quien fuera secretario del cardenal Stanisław Dziwisz, a su vez secretario de Juan Pablo II durante 40 años.

Edwin no quiso perder la oportunidad de hablar con el padre Dariusz, pero hacía rato que descansaba y seguro ya estaba dormido. A pesar de ello el párroco de Paraíso entró a buscarlo. Por alguna razón que ni él mismo comprendía siguió haciendo todo lo posible por ayudar a la pareja Arce Mora, sin conocerlos y sin saber con seguridad de qué milagro le hablaban. Al volver les explicó que el sacerdote polaco había tenido un día muy agitado y que necesitaba descansar, pero les envió una pequeña estampa con la imagen de Juan Pablo II con una frase escrita en polaco, el idioma materno del Papa: "No tengan miedo". Un estremecimiento agitó otra vez los corazones de Edwin y Floribeth. Eran las mismas palabras que Karol Wojtyla les dijo a cada uno por separado y gracias a las cuales la salud de ella se restableció. No podían creerlo. Ahora esas mismas palabras se las escribía alguien muy cercano al Papa viajero. Sin saber quiénes eran, él les recordaba de manera contundente la presencia de su intercesor ante el Cielo. "¡Dios mío, cómo te presentas —pensó Edwin—, cómo todo se relaciona con el milagro de mi esposa!". Tal como les sugirió el sacristán, los Arce Mora volvieron al día siguiente con un arreglo floral muy grande para que se pusiera en el altar dedicado a la reliquia.

TESTIMONIO EN INTERNET

Unos meses después del encuentro con la reliquia de Juan Pablo II, y ya con la primera prueba médica en la mano, llegó el momento en el que Edwin y Floribeth, convencidos de la sanación, decidieron compartir su historia con el resto del mundo. Si ella estaba bien, sin dolores y ninguna otra secuela de la enfermedad, era hora de comunicarlo. "No podemos quedarnos así, ¡esto es un milagro!", dijo él. Ninguno de los dos sabía muy bien cómo lograr que el caso de una mujer humilde, nacida en una localidad aledaña a la capital de un país geográficamente pequeño llegara a ser reconocido por todos los seguidores de la causa de Juan Pablo II para su santificación, pero debían intentarlo. Se sentían en deuda luego de que Floribeth recobrara la salud a pesar de un diagnóstico fatal, gracias a la intercesión de Juan Pablo II. Él ayudó a la familia a recibir una gracia divina, ellos tenían la responsabilidad de hacérselo saber a quienes llevaban la causa de beatificación, y posteriormente canonización, del pontífice en el Vaticano.

Internet era la mejor forma de difundir su vivencia. Así, Floribeth navegó por la red buscando un nombre, Karol Wojtyla. Había un sinnúmero de páginas dedicadas a la vida y obra del Papa, pero una en especial llamó su atención porque miles de personas se habían detenido en ella a compartir sus testimonios. Considerando el riesgo de que su historia se perdiera entre aquella inmensidad de milagros, pero también con la esperanza de que las autoridades de la Iglesia católica estuvieran al pendiente y analizando cada una de aquellas redacciones fervorosas, decidió narrar su experiencia. Como inspiración tuvo una imagen del beato cerca de ella. Escribía como si hablara con él. Trató de redactar paso a paso su vivencia y cerró con la frase "Que sea lo que Dios quiera".

La española María Victoria Hernández, quien trabaja desde el primer día en la postulación de la causa de beatificación y luego canonización de Juan Pablo II, fue la encargada de leer el caso de Floribeth en el Vaticano. Durante el proceso conoció el gran número de cartas y correos electrónicos enviados, sobre todo desde América Latina, para dar fe de gracias o supuestos milagros recibidos por la intercesión de Karol Wojtyla. Ella recuerda:

> A lo largo de esos años me impresionó Costa Rica por la devoción a Juan Pablo II, por la unidad, la participación de tantos jóvenes en las iniciativas organizadas por la jerarquía eclesiástica para la celebración de la beatificación. Me impresionó sobre todo la fe del pueblo tico. Estaba convencida de que el milagro para la canonización tenía que llegar de América Latina y pensaba que sería maravilloso que Juan Pablo II lo hiciera precisamente en el día de su beatificación. Y así aconteció.

Después del 1 de mayo se recibió un sinfín de testimonios. De entre ellos se seleccionaron algunos casos que, necesariamente, se sometieron a examen previo. El 23 de febrero de 2012, es decir, un año después de la beatificación de Juan Pablo II, durante un intervalo en su trabajo, María Victoria revisó el correo electrónico en español y portugués, tal como lo hacía desde 2005, cuando se inició la causa.

> Entre los primeros mensajes que leí estaban el de Floribeth y después otro proveniente de la Ciudad de México. El de

México era el caso de Santiago, de quince meses, curado de una gravísima cardiopatía, estenosis aórtica en tres sectores. Recuerdo que me llamó enseguida la atención el de Floribeth porque se trataba de un aneurisma, cosa que sabía que podía ser mortal, que no había sido posible intervenir quirúrgicamente y que la curación había sido inmediata y total. Me parecía, pues, que tenía todos los requisitos. Llegaba, además, de Costa Rica y había tenido lugar el mismo día de la beatificación. Ciertamente, no podía pedir más.

Antes de iniciar la investigación de este caso se analizó el de una niña libanesa, pero finalmente no procedió. Así comenzó el intercambio de mensajes entre Floribeth y María Victoria, a quien le llamó la atención la insistencia de la costarricense en sus respuestas, aclarando que la gracia no debía ser solo para ella sino para gloria de Dios. Fueron muchas las ocasiones en las que Floribeth dio las gracias a María Victoria por tomar en cuenta su testimonio y tener la sensibilidad para saber que era cierto, que de comprobarse como era debido podía ser el milagro que llevara a la canonización a Karol Wojtyla. Uno de los mensajes de Floribeth fue este:

Es un milagro realmente por la intercesión de mi Santo Padre Juan Pablo Segundo. Imagínese, después de tan fatal incidente yo he sido para los médicos una sorpresa porque tengo mis facultades físicas y mentales en excelente estado. Todo para honra y gloria de mi Señor. Aprovecho para decirle que le estoy muy agradecida por haber leído mi testimonio, y debo decirle a todo el mundo que para nosotros él es un santo.

El lenguaje que utilizaban la hermana Marie Simon-Pierre —primer milagro comprobado del Papa— como Floribeth —el segundo—, llamaron la atención de María Victoria por su sencillez, sin ánimo de sobresalir sino de someter sus propias individualidades a favor de una causa mayor, un favor divino que las sobrepasaba y ante el cual no podían hacer otra cosa que dar las gracias y ofrecerse a sí mismas como testimonio de fe. Las dos mujeres beneficiadas por la intercesión de Juan Pablo II se mostraban humildes, con una manera sencillísima de relatar los milagros. El afán no era, definitivamente, el protagonismo. En el caso de la religiosa, al ser informada de que todas las hermanas de la congregación rezarían una novena pidiendo la intercesión de Karol Wojtyla para su sanación, ella respondió que se sometía a la voluntad de Dios. Enfermedad o curación, ella solo deseaba que se cumplieran los designios divinos, siempre a favor del bien espiritual de la congregación. En el caso de Floribeth, jamás buscó que se le conociera en Roma por ser una persona especial sino por el milagro que obró Dios en ella gracias al Papa.

Un secreto entre Costa Rica y el Vaticano

Meses después el deseo se realizó. Buscaban a Floribeth desde Roma por medio del padre Donald Solano en Costa Rica, quien recordaba perfectamente a aquella pareja de Tres Ríos a la que permitió el paso a deshoras para ver la reliquia de Karol Wojtyla. Algo especial hubo en ellos que incluso el padre Dariusz Rás, sin verlos, les escribió un mensaje al parecer muy significativo. El padre Donald Solano recuerda que fue en abril de 2012, a las 7 de la mañana de uno de sus días libres, cuando recibió una llamada telefónica desde Roma. Del otro lado de la línea estaba la doctora María Victoria Hernández, de la oficina de postulación. El párroco de la iglesia de Paraíso se sorprendió mucho, más aún cuando monseñor Sławomir Oder, postulador de la causa de canonización del beato Juan Pablo II, le explicó que el testimonio de una costarricense había llamado su atención y era preciso localizarla. El único contacto posible entre el Vaticano y Floribeth era el padre Solano, pero este último confesó que no sabía dónde encontrarla.

La página donde ella redactó su testimonio no solicitaba datos de contacto ni correo electrónico ni teléfono, mucho menos dirección postal. El problema consistía en que la única referencia de la ubicación de Floribeth era la parroquia de Paraíso, ya que hacía mención a la visita que hizo a la reliquia y a la estampa firmada por el padre Dariusz, pero ella no vive en esa comunidad sino en la de Tres Ríos. Todavía en pijama, el padre Donald encendió su computadora. Navegó por la página del Registro Civil y con las referencias dadas por monseñor Oder encontró el nombre de Edwin. La pareja se casó en la iglesia de La Merced, así que llamó a sus contactos. Los teléfonos ya no eran los mismos, habían cambiado. Tratando de actualizar los antiguos números de seis a ocho dígitos, de acuerdo con la nueva marcación, pudo localizarlos. A las 10 de la mañana de ese día ya contaba con los datos suficientes para comunicarlos a Roma. "En cuestión de tres horas los encontré —detalla el párroco—. Fue algo milagroso, yo creo que este milagro fue haciéndose a base de pequeños milagros. Al día siguiente doña Floribeth me contó que la doctora Victoria la había contactado y que a través de mí iban a comunicarle todo lo que fuera ocurriendo".

Aunque a veces el registro civil juega bromas a personas con el mismo nombre —las homonimias nunca son eventos aislados—, afortunadamente en Costa Rica solo había una mujer llamada Floribeth de Fátima Mora Díaz. Al primer timbrazo de su teléfono celular respondió Edwin. Le dijeron que el comité de postulación encargado de validar la declaratoria de santidad de Juan Pablo II se interesó en el caso. Al saberlo, Floribeth tomó el auricular y se sintió nuevamente bendecida. Se habían escuchado sus súplicas. Nuevamente Dios la consideraba a ella para ser una muestra de su gloria, ahora a favor de la canonización de un fiel servidor de la Iglesia durante tantos años, pero como era de esperarse las autoridades en Roma querían primero evaluar sus resultados médicos, saber si su caso era tan impresionante y tan fidedigno como se dejaba entrever en la redacción que encontraron en Internet. Querían certezas, recopilar todos los análisis hechos en Costa Rica hasta el momento y luego verificar el milagro por ellos mismos, invitándola a viajar a Roma.

Se comunicaron conmigo para que llevara los exámenes —recuerda Floribeth— porque la gente de postulaciones del Vaticano estaba interesada en mi caso. Yo lloraba porque decía: "Dios mío, de tantos testimonios que hay en esta página han vuelto su mirada a esta mujer, miserable ante los ojos de Dios, insignificante, de un pueblo lejano de San José, de un país pequeño como Costa Rica. Ellos voltearon sus ojos hacia este testimonio. Dios, todo lo haces". Me sentí muy honrada de que ellos se interesaran en mí.

Aunque el caso correspondía a otra circunscripción eclesiástica, el padre Donald Solano se involucró en él y ayudó a los Arce Mora en todo aquello que estuvo en sus manos. Por la vía telefónica aseguró desear contribuir con la causa y no podía ni deseaba desobedecer sus palabras. Monseñor Oder viajó dos veces a Costa Rica. En la primera visita se encontró con monseñor Barrantes para comunicarle oficialmente el milagro analizado en Roma porque, hasta ese momento, el único en todo el país que sabía del caso de Floribeth era el párroco de Paraíso.

Esa primera visita fue como de cinco días en los cuales él organizó todo y el arzobispo decretó el establecimiento del tribunal y se pidió ayuda a Roma porque ya se había hablado de la renuncia de monseñor Hugo Barrantes, y yo le dije que si esto debía ser rápido, como el papa Benedicto XVI siempre creyó, entonces había que empezar lo antes posible, antes de que le aceptaran la renuncia, porque si no teníamos que esperar a que hubiera un proceso y un nuevo nombramiento. Esto urgía porque había ya mucha seguridad de que iba a ser aceptado, por la impresión que causó allá el milagro.

Monseñor Oder volvió tiempo después a Costa Rica para iniciar la investigación. Este proceso duró alrededor de 10 días. Después se entrevistó a los médicos tratantes en Costa Rica directamente, dentro y fuera de la curia, entre ellos y sobre todo a Ronald Castellón y Alejandro Vargas. Al padre Donald Solano le correspondió ser testigo de cada una de esas entrevistas y, reconoce, fue bastante cansado. Algunas pláticas se extendieron durante varias horas, entre ellas la que se tuvo con Floribeth, su madre y sus familiares. Por citar un ejemplo, la entrevista que las autoridades del Vaticano le hicieron al propio sacerdote costarricense comenzó a las 9 de la mañana y terminó a la 1 de la tarde. Todo se realizó bajo juramento de silencio hasta que se diera a conocer el veredicto del milagro. Era importante mantener todo fuera del ojo público sobre todo para no crear expectativas.

> Es uno de los procedimientos que exige el mismo derecho canónico. No es secretismo, uno entiende que se tiene que respetar el desarrollo interno que lleva el proceso que se realiza. En la Iglesia entendimos que era algo muy serio y que se puede prestar para muchas cosas, así que obedecimos. Al final fue muy difícil, porque cuando la noticia salió en España, que fue donde se filtró, con los periodistas de acá y a nivel internacional fue muy complicado.

Como se requería una prueba médica certificada en su país, Floribeth esperó a la segunda resonancia para enviarla a Roma. El padre Donald Solano recuerda que pese a que ya se contaba con exámenes hechos en la Caja Costarricense del Seguro Social, para el Vaticano era importante que se volvieran a practicar los estudios médicos, y aunque siempre mostró disponibilidad para ayudar en la causa de canonización de Juan Pablo II, Floribeth ya no podía pagar los exámenes hechos en una clínica privada. Ella le dijo que por el momento no tenía recursos suficientes, que tal vez más adelante sí los tendría. Rápidamente el párroco se lo comunicó a monseñor Oder, quien le dijo que la postulación se haría cargo de los gastos.

> Doña Floribeth dijo que no quería recibir dinero, así que fue a mí a quien me depositaron y yo pagué el monto, que creo que no llegaba a los $1000. Unos días después uno de los médicos que vio el caso nos llamó y me dijo: "Puede que una persona se cure de aneurisma, pero tiene que quedar alguna secuela física" y me preguntaba si ella caminaba bien, si tenía todos los movimientos, si gesticulaba bien, si veía bien.

Finalmente el examen requerido se llevó a cabo y esto les permitió a los involucrados en Costa Rica alejar cualquier duda respecto a la desaparición del aneurisma fusiforme. Floribeth consideró necesario enviar todo su historial médico al Vaticano para que los especialistas del otro lado del mundo evaluaran cada una de las fases vividas luego del primer síntoma, y se dieran cuenta de la buena salud de la que gozaba actualmente, sin razones lógicas aparentes. La esposa de Edwin quería colaborar, en lo que le correspondía, para que se canonizara a Juan Pablo II, por eso decidió exponerse completamente, sin importar que se diera a conocer su identidad y la de su familia. Si su caso se tomaba en cuenta, sabía de antemano que ciertos datos de sus vidas pertenecerían a la comunidad católica del planeta.

El comité de postulaciones recibió los documentos y analizó meticulosamente los detalles. El de Floribeth no era, por supuesto, el único milagro serio atribuido al Papa, pero sus características resaltaban entre miles por la seriedad que había recibido durante el tratamiento, así como por las pruebas de curación y la falta de síntomas o secuelas que la paciente manifestaba. Por ser un asunto de trascendencia, los médicos europeos querían estar seguros de su evaluación y por eso creyeron necesario un viaje de Costa Rica a Roma. Quisieron constatar por ellos mismos el estado de las venas y arterias cerebrales de Floribeth, descartando así un error de diagnóstico o una mala interpretación de las imágenes craneales, porque las equivocaciones son parte de la condición humana. Algunos exámenes implicaban dolor y cierto riesgo para una mujer alérgica a la anestesia. Se llevaría a cabo en el Hospital Gemelli, el mismo donde se atendía a Juan Pablo II, un procedimiento semejante al quirúrgico para comprobar la desaparición del primer derrame cerebral. Se harían pruebas de motricidad para dar fe de la ausencia de problemas derivados de la ruptura del aneurisma e incluso —y para su sorpresa— de la inexistencia de malformaciones vasculares, como una arteriografía carotídea y una resonancia magnética los días 17 y 18 de octubre.

Monseñor Sławomir Oder recuerda que después de recibir toda la documentación desde Costa Rica sobre el caso de Floribeth Mora Díaz, pidió opinión a grandes expertos para verificar si el milagro tenía suficiente seriedad para proponerse como el segundo realizado por Karol Wojtyla. Desafortunadamente, los datos no se consideraron suficientes, la lectura del historial médico hacía surgir algunas dudas y era necesario profundizar en las investigaciones. Aunque sabía que se trataba de una petición muy dura, decidió que lo mejor era trasladar a la costarricense a Roma y que no quedara duda alguna de su sanación. Él se encargaría de que el comité cubriera los gastos de hospedaje y transporte, mientras que el padre Donald los acompañaría para ayudarlos a comunicarse en italiano.

Floribeth no dudó un momento, pero su madre le pidió que no viajara. Había riesgos, sí, pero sobre todo consideraba que ya era suficiente el dolor que había vivido su hija durante tantos meses. No necesitaba sufrir más. Pero Floribeth sintió un enorme compromiso: fue elegida entre miles de testimonios para ser, probablemente, un nuevo milagro comprobado del Papa, así que no debía negarse. Aun con los riesgos implicados ella tenía que devolver un poco del favor que se le había hecho. Entonces decidió entonces ir a un país que le era ajeno, donde se hablaba un idioma que no comprendía. Le comunicó su decisión a Edwin quien no la dejaría ir sola. Ya la había cuidado en demasiados momentos difíciles. Este no sería la excepción. La diferencia consistía en que esta vez ya no lo acompañarían el dolor y la angustia, sino la paz y la seguridad de haber gozado de un milagro para su familia. Él entendía bien los motivos por los que su esposa necesitaba emprender ese viaje, por lo que a pesar de los riesgos la apoyó sin restricciones. El resto de la familia se quedaría en Costa Rica orando para que Juan Pablo II concediera una nueva dotación de fortaleza a Edwin y Floribeth.

Viaje a Roma

Floribeth, Edwin y el padre Donald Solano llegaron a Roma el 10 de octubre. En el hospital del Vaticano solo uno de los médicos, el encargado de neurocirugía, sabía por qué la internarían. Para el resto era una extranjera que necesitaba practicarse unos exámenes. Los primeros días consistieron en ir y venir, pasear por la ciudad porque no había espacio en el Policlínico. El párroco costarricense aprovechó para mostrarle a la pareja algunos sitios porque Edwin y Floribeth no conocían Italia. El significado que tiene un viaje a ese lugar para un católico es inconmensurable. Uno de los primeros lugares que visitaron fue la tumba de Juan Pablo II; fueron momentos muy emotivos, sobre todo para ella, quien lloraba de emoción y de incredulidad. Ese día había una fila enorme para llegar hasta el sepulcro de Karol Wojtyla; esperaron alrededor de media hora, pero los

Arce Mora no dejaron pasar la oportunidad de dar gracias al Papa en su última morada, así que esperaron su turno, conscientes de que quizá sería lo único que harían —turísticamente hablando— durante su viaje, ya que el padre Donald les advirtió que una vez internada no sabría bien cuánto tiempo les quedaría para conocer la ciudad. El tiempo finalmente no les alcanzó. Una vez que recibieron la indicación de monseñor Oder, se dirigieron al Hospital Gemelli para ingresarla.

Luego de cruzar el Océano Atlántico, con los pies por fin en esa ciudad Italiana, Floribeth admite un sentimiento de asombro. La arquitectura, los colores del cielo e incluso el aire, eran tal como se los imaginaba del otro lado del televisor en Costa Rica. "En el Vaticano yo me sentía como una campesina que llega a una gran ciudad. Estar en Roma fue un honor y un privilegio que el Señor me dio", confesó al rememorar su viaje. El siguiente paso era internarse durante siete días en el Hospital Policlínico Gemelli, en el cuarto piso, para que médicos especialistas le practicaran todos los análisis que creyeran convenientes. Edwin vio repetirse todo el proceso de nuevo: su esposa estuvo otra vez bajo el ojo clínico, rodeada de médicos que evaluaban las imágenes tomadas en el interior del cerebro, la calidad de sus movimientos, sus capacidades de memoria y de habla. El resultado se sabía de antemano: los médicos italianos se sorprendieron porque los exámenes no mostraban señales de un derrame cerebral, tampoco la presencia de un aneurisma dilatado. Esa mujer tuvo una curación milagrosa, inexplicable desde el punto de vista científico. Ya podía abrirse el proceso diocesano para la canonización de Juan Pablo II.

Después de una semana de hospitalización, ya descansando en el domicilio donde se hospedaron en Roma, Floribeth se sintió mal. Al levantarse notó que tenía temperatura, la presión arterial alta, dolor de cabeza y vómitos. Estaban a cuatro días de regresar a Costa Rica y fueron horas muy complicadas porque Floribeth no pudo comer bien. La estancia de la pareja coincidió con el 22 de octubre, día en que se celebró en el Vaticano el día del beato Juan Pablo II con una ceremonia frente a la tumba donde descansan sus restos, en la capilla de San Sebastián, justo a un costado de *La Piedad* de Miguel Ángel, en la Basílica de San Pedro. Edwin recuerda:

Después de que acabó la misa yo hice entrega de un documento que llevábamos de todas las peticiones de familiares o personas enfermas, de acá, del pueblo. Lo entregué en la tumba de él, ahí lo puse; cuando salíamos a la puerta mi esposa no pudo dar un paso más. De ahí me la llevé para la casa, en un taxi, y fue al siguiente día que nos vinimos. Cuando estuve el primer día en la tumba de Juan Pablo II para mí era como un sueño, no me lo creía. Sentí frío, sentí una emoción. Sentí ganas de llorar, sentí de todo porque nunca me imaginé llegar hasta donde él. El día de la misa, igual. Una celebración de él y estar nosotros presentes. Darnos Dios la fortaleza y él, Karol Wojtyla, ayudarnos con Dios también, para que estuviéramos ahí.

Respecto a las molestias de Floribeth, Edwin se sintió preocupado, pero contó con el apoyo de monseñor Oder y del padre Donald. Ambos religiosos consideraron prudente posponer el viaje a Costa Rica al día siguiente y volver al hospital para que diagnosticaran el origen de los síntomas de su esposa, pero Edwin tenía ya todo listo para el regreso. La pareja tenía ilusión de volver a ver a su familia una vez cumplido el objetivo de demostrar el milagro del Papa. Poco tiempo después se darían cuenta de que Floribeth se contagió de un virus. Al parecer una pequeña epidemia de tos y gripe afectó a muchas personas en Roma y contagió también a Floribeth. Su malestar se debía a eso y un poco a una cuestión nerviosa, según la percepción del padre Donald.

Ella se sentía muy mal, al final parece que fue por una bacteria o algo que no fue muy grave pero que nos asustó mucho porque a ella le habían hecho exámenes muy peligrosos, e imagínate que para monseñor Oder y para mí fue una situación muy complicada, porque de hecho después de que estuvo internada fue la misa del 22 de octubre y monseñor Oder la presidía en la tumba de Juan Pablo. ¡Esa mujer pasó casi en agonía esa misa! No podía estar sentada, se mareaba, le daban vómitos, para mí fue una situación muy tensa. Luego regresar a Costa Rica en esa situación, porque inmediatamente que llegamos aquí hubo que ir a buscar al médico e internarla. Pero no fue por el aneurisma, sino, según parece, por la bacteria que le entró y rápido desapareció.

Había también mucho nerviosismo porque es una familia muy unida, y te puedo decir que todos los días que estuvimos en Roma fue una dependencia total de los hijos, se llamaban ¡todos los días! ¡A toda hora! Me acuerdo que en la madrugada me despertaba y los escuchaba desde mi cuarto hablando con los hijos por skype, por teléfono. Los hijos llamaban allá y era de madrugada, ellos llamaban aquí y era de madrugada, incluso estábamos en la Basílica y el señor hablando con los hijos, y yo digo que eso influyó mucho, por la impresión y el temor por esos exámenes tan peligrosos.

Ese fue el momento más difícil, cuando ella se enfermó en Roma, porque ella entró perfectamente y salió muy bien y al día siguiente se enfermó. Teníamos programado conocer Asís, y no pudimos.

Mientras Edwin y Floribeth regresaban a Costa Rica, en el Vaticano monseñor Oder hablaba con los médicos tratantes. Todos dieron una opinión positiva. Ya se podía preparar toda la documentación para iniciar el proceso de canonización oficialmente. Si algo llamó la atención de monseñor fueron la dulzura, humildad y sobre todo fe con la que se conducía Floribeth. Su actitud era profundamente cristiana, sin afanes de protagonismo. Su idea no era sobresalir sino demostrar que estaba viva gracias a una merced recibida. No obstante las dificultades de viajar a un país distinto, la esposa de Edwin lo había hecho solo para hacer justicia al milagro concedido. Ella, a pesar incluso del episodio de gripe, estaba muy conmovida y quiso participar de manera activa en la celebración de Juan Pablo II.

El milagro como noticia mundial

Fue el 19 de junio de 2013, justo el día en que Floribeth cumplió 50 años, cuando la noticia del milagro se dio a conocer entre los medios españoles e italianos. Al primero al que buscaron fue a Edwin, pero como los Arce Mora aún no tenían permitido hablar públicamente de la sanación —faltaba la aprobación definitiva del Comité que llevaba la causa de canonización del Papa—, él se vio en grandes aprietos. Siendo sencillo y honesto como es, no supo qué responder a los reporteros sin comprometer el desarrollo mismo del proceso emprendido por las autoridades del Vaticano. Le parecía muy riesgoso afirmar ante millones de personas lo sucedido con su mujer antes de que se aceptara oficialmente la santidad de Juan Pablo II, pero tampoco podía negar la sanación. Así que decidió que lo más sencillo cada vez que llamaran a su oficina sería decir que estaba divorciado de Floribeth. Con todo el dolor de su alma tuvo que asegurarles a los medios de comunicación que ya no vivía con ella, de manera que no estaba calificado para hablarles del milagro obrado en ella, simplemente no tenía el derecho ni el conocimiento necesarios para hacer una declaración pública.

Para su esposa tampoco fue fácil evadirse de la mirada periodística. Pese a considerar la sanación como una muestra de la grandeza de Dios y del poder que como santo tiene Juan Pablo II incluso antes de ser canonizado, Floribeth no pudo evitar ser reconocida como "la mujer milagro". Durante varios días estuvo en estado de sitio. Acostumbrada a salir a misa o a pasear con su esposo o sus hijos, ahora debía permanecer en casa. Los reporteros rodeaban su domicilio esperando verla salir en cualquier momento para abordarla y tener la exclusiva del milagro por el cual Karol Wojtyla sería canonizado, así que ella tenía que salir por la puerta trasera de su casa cuando no había otro remedio. También tuvo que cambiarse de carro, tapar su rostro y negarse siempre, aunque estuviera, porque debía guardar silencio hasta que la noticia fuera dada en Roma. El asunto estuvo lejos de terminar cuando los postuladores avalaron el milagro costarricense. Una vez expuestos sus nombres y sus rostros, tanto Floribeth como Edwin no pudieron llevar en adelante una vida normal. Los reconocen en su comunidad, en la capital, en todo el país, y también en el mundo entero.

Nuevo santuario de fe

Ya con la certeza de la sanación, monseñor Oder entró en contacto con el arzobispado de San José de Costa Rica. Monseñor Hugo Barrantes recibió la noticia y no pudo ocultar su alegría. "Es emocionante —dijo al enterarse— que a pesar de ser un país tan pequeño Dios nos haya escogido a través de Juan Pablo II para hacer un milagro y quedar en la historia". Además, el ahora exarzobispo tuvo una teoría sobre por qué había sido elegida Costa Rica por Juan Pablo II. En su opinión se debía, en parte, al buen trato recibido durante su visita al país en 1983, y también a que el Papa no quería que Costa Rica se convirtiera en un país laicista. El caso de Floribeth resultó ser una sorpresa por lo que representa Costa Rica, que en realidad es un país pequeño en medio de la Iglesia universal.

> Es un regalo de Dios, un regalo de Juan Pablo II para nosotros, porque significa que en un país que camina a pasos agigantados hacia la secularización y la laicidad, realmente hay fe, que se sigue creyendo en el Señor Jesucristo, que la Iglesia sigue estando presente. Entonces, realmente, ha sido una fuerza, un empuje, una inyección de fe en medio de tantas situaciones a veces complicadas que la Iglesia puede tener acá.

Por su parte, el padre Donald Solano, a casi dos años de encontrarse por primera vez con Edwin y Floribeth en su parroquia, todavía se asombra ante la manera en la que se dieron las cosas. Recuerda que la reliquia de Juan Pablo II probablemente no hubiera llegado a Costa Rica de no haber sido por la oportunidad que le dieron sus superiores de especializarse años antes en Roma. Durante un verano viajó a Alemania, donde conoció a un sacerdote polaco, el padre Dariusz Rás, con quien inició y mantuvo una amistad incluso a la distancia, comunicándose continuamente por internet y teléfono.

Ese hombre, nacido en el mismo país que Juan Pablo II, fue posteriormente nombrado secretario del cardenal Stanisław Dziwisz, arzobispo de Cracovia, y luego secretario de Karol Wojtyla.

Tanto era el aprecio entre ambos sacerdotes que el padre Dariusz Rás tenía planes de visitar Costa Rica en 2011, pero por ser el año en que se anunció la beatificación del Papa viajero era de esperarse que el sacerdote polaco tuviera la responsabilidad de organizar actividades en su país de origen. Una vez transcurrido el 1 de mayo, el padre Dariusz se comunicó nuevamente con el padre Donald Solano y le dijo que en esa ocasión sí viajaría, ya fuera en junio o en julio, pero no quería atravesar el océano sin llevar un presente para la comunidad católica del país latinoamericano.

Antes de venir Dariusz me preguntó qué deseaba que me trajera de Polonia y yo le dije: "Lo que querás". Él contestó: "¿Querés una reliquia del beato?". Yo me imaginé que iba a ser una estampita con un pedazo de tela o una medalla de las que abundan, y me dijo: "Mandá una carta oficial al cardenal haciendo solicitud de la entrevista". Entonces llamé a un sacerdote amigo mío y le dije que me ayudara a redactar una carta en italiano y le conté para qué era. Entonces me dijo: "No Donald, no la hagamos en italiano, hagámosla en latín", y él la redactó. Mi compañero dice que el cardenal se sorprendió porque era una carta bellísima, en un latín excelente. Y dice que don Stanisław le dijo: "Bueno, a América Latina no hemos mandado ninguna reliquia, mandemos la que nos queda ahí".

El padre Donald Solano se emocionó muchísimo cuando recibió la foto de la reliquia. Inmediatamente la amplió y se dio cuenta de que era una gota de sangre de Juan Pablo II. Sintió unas inmensas ganas de llorar de emoción. En ese momento se encontraba en la Catedral de Cartago, así que fue al arzobispado tan pronto como pudo para mostrarles la imagen y confirmarles que llegaría ese regalo para la comunidad costarricense. Monseñor se sorprendió y se conmovió también. Nadie podía creer semejante gracia.

Para la feligresía fue de igual manera una noticia extraordinaria. Quienes tuvieron la fortuna de asistir a la serie de actividades relacionadas con la visita de Juan Pablo II en 1983, o que siguieron su pontificado a través de los medios de comunicación, fue muy emotivo que el Papa volviera ahora permanentemente a través de un símbolo, una reliquia nada menos que con su sangre. En los años ochenta la visita de Karol Wojtyla fue tan impactante que paralizó al país entero durante toda una semana. Católicos y no creyentes estaban ahí por igual, buscando unos instantes de cercanía con el pontífice, esperando una bendición a distancia. El padre Donald Solano considera que tal vez los más jóvenes no reaccionaron con tanto fervor ante la reliquia, pero para quienes se sintieron tocados por los años más significativos de pontificado la emoción era evidente. Llegó gente de todos los rincones de Costa Rica e incluso de otros países, como Colombia, solo para ver la gotita de sangre. Aunque no se tiene un registro de todas las personas que han asistido desde entonces al templo, el libro de visitas tan solo de un mes registró más de 5 mil firmas, cifra que aumenta mucho durante otras fechas, por ejemplo los meses de romería. Los domingos llegan muchas familias de Guanacaste, San

Carlos, Grecia y Palmares. Así, la visita obligada a la Basílica de los Ángeles ahora se extiende a Paraíso. "Sin necesidad de declararlo como tal, se está convirtiendo en un santuario", afirma el párroco, porque todos los días llegan autobuses llenos de gente a ver la reliquia resguardada en Cartago.

Una de las cosas que más impresionaron al padre Donald fue el efecto que causó el milagro de Floribeth en sus cuatro hijos, pues es muestra del alcance que tiene Juan Pablo II en las nuevas generaciones. Se trata de chicos muy jóvenes que, como es normal, no estaban muy familiarizados con la Iglesia; el primogénito manifestó que la sanación de su madre lo ayudó a acercarse nuevamente a la religión.

Ellos, por lo que me han contado y por lo que he visto, son una familia normal, una familia tica con sus problemas y dificultades, pero sobre todo he visto que son una familia de fe. Y sobre todo vos sabés que los ticos somos así, cuando vienen las enfermedades nos agarramos de Dios aunque no practiquemos nunca, y yo veo que esta familia acompañó muchísimo a Floribeth con la oración. Cuando los medios empezaron a decir eso de que ellos no creían, a mí me llamó la atención, porque si usted escucha el testimonio de don Edwin usted ve que él es una persona de fe, que de hecho estuvo en la seguridad del Papa cuando vino en el 83 y le llamó mucho su personalidad y siempre vio a Juan Pablo como un santo y pedía a él incluso en vida, así también su mamá, la suegra y sus cuñadas. El hijo fue el único que me ha comentado que para él ha sido muy significativo el ser un testigo tan cercano de esto y le ha ayudado a acercarse más a Dios.

Los hijos de Edwin y Floribeth se han mostrado muy atentos al proceso de investigación del milagro recibido por su madre. Ellos se convencieron de la curación sin necesitar documentos probatorios, conscientes de que vivían una experiencia divina y la apoyaron en todo momento, aun cuando su vida sería conocida internacionalmente al menos dentro del mundo católico. El padre Donald sabe que los ojos de muchos feligreses se han volcado sobre Floribeth. Ellos conocen su testimonio y la recuerdan por los periódicos como la mujer que recibió el segundo milagro, lo cual ha sido de gran impacto para una familia que, sin embargo, se mantiene humilde y en constante oración de agradecimiento.

De no existir las casualidades, esta experiencia en su conjunto es, para el padre Donald, una consecuencia de la atención y la solidaridad de Juan Pablo II hacia América Latina y del amor que le retribuyó la comunidad católica de este lado del mundo. Incluso en las llamadas que le hace desde Roma la doctora que trabaja para la congregación, María Victoria, le dice siempre al párroco: "Padre, yo estaba convencida de que el milagro iba a venir de América Latina porque ahí aman a Juan Pablo II más que en cualquier parte del mundo".

Para el padre Donald el milagro concedido a una costarricense también tendría que ver con la cuestión mariana. En él se refleja la dedicación que tuvo del Papa hacia María desde su juventud, cuando se consagró a la Virgen.

Yo creo que nuestro pueblo costarricense demuestra esa misma cercanía a María. A mí me preguntan: "¿Por qué la reliquia llegó a la parroquia de Paraíso?". Y yo les digo: "Porque es un templo mariano". Porque Nuestra Señora de Ujarrás fue la primera devoción mariana que llegó a nuestro país, eso fue aquí en Paraíso, y yo creo que eso ha marcado.

Costa Rica después del milagro

La ceremonia de canonización del Juan Pablo II se llevará a cabo el 27 de abril de 2014. Su nombre, como el del papa Juan XXIII, serán inscritos en el Libro de los Santos el segundo domingo de Pascua, dedicado a la Divina Misericordia, y Costa Rica ya se ha mostrado lista para el suceso de muchas formas. Muchos costarricenses viajarán a Roma, al menos diez agencias de viajes ofrecen paquetes, y el padre Donald Solano está invitado ya como acompañante por el Vaticano. Para él, después de conocer el catolicismo en otros países, en el suyo la religión se sigue practicando de manera importante. No todas las personas nacidas en una familia católica forman parte activa del rito, pero sí hay mucha interacción sobre todo con gente joven.

La iglesia de Paraíso, como muchas otras en Costa Rica, es una iglesia viva. Cuenta con alrededor de 120 catequistas, casi todos menores de 40 años, lo que se traduce en un interés creciente de la juventud por trabajar en beneficio de la Iglesia. Muchas personas laicas, es decir, gente no relacionada directamente con el clero, está comprometida con la propagación de la fe. Si hubiera que definir una meta para mejorar la salud del catolicismo, esta sería lograr mayor participación, vencer la indiferencia de algunos e invitarlos a no caer en el error de pensar: "Cristo sí, Iglesia no". Se sabe que la institución ha perdido credibilidad frente a las nuevas generaciones, pero este fenómeno fue enfrentado por Juan Pablo II. En sus discursos el pontífice invitaba a superar esos retos creando una nueva evangelización. Siguiendo el ejemplo de Karol Wojtyla, la relación entre la Iglesia católica de Costa Rica y las instituciones protestantes es muy buena. El padre Donald manifiesta al respecto:

> Es muy bonito ver en Limón la relación del obispo con los pastores luteranos o anglicanos, con los que llamamos nosotros protestantes o evangélicos "serios". Lo que pasa es que todo lo que nos ha llegado de las sectas protestantes son un montón de sectas pentecostales que parece que el único objetivo que tienen es destruir a la Iglesia católica, y en eso para mí, pese al daño que hacen, son como flores de un día porque ves que hoy abren una y mañana ya no está, y eso daña porque confunde mucho a la gente. Creo que no es una competencia, y en Costa Rica, sobre todo por la devoción mariana, creo que la gente sabe en lo que está.

Como sucede en todas partes, el padre Donald Solano explica que hay personas que no creen aún por completo en la sanación de Floribeth. Algunos feligreses hablan de manipulación porque les cuesta creer que detrás de la declaratoria del milagro haya una investigación seria, imparcial. Desconocen que los médicos encargados de evaluar el caso en Italia tienen una competencia científica extraordinaria, de cuya credibilidad ni siquiera los especialistas más renombrados de otros países se atreven a dudar. Ciertas personas centran su atención en los resultados obtenidos en los estudios practicados a Floribeth en la Caja, buscando un posible error en ellos, pero a pesar de las inconformidades de la población en general, el párroco reconoce que cuando se trata de enfermedades tan difíciles como la de la ahora llamada "mujer milagro", la atención es muy buena, además de que los diagnósticos también se obtuvieron en hospitales que el Vaticano consideró de primer mundo, como el Calderón Guardia y el Max Peralta. Esto tiene que ver con aspectos científicos, pero del otro lado está el poder de la fe. La capacidad de creer que Dios obró, por intercesión de Juan Pablo II, una curación ante la cual la medicina no tiene explicación. En Paraíso siguen las curaciones.

Siempre viene gente que atribuye milagros. Hay casos donde hay documentación médica. Conozco el caso de una jovencita de 14 años a la que le encontraron tumores malignos en el útero y tenían que operarla y sacarle todos sus órganos reproductivos. El día que vino a la reliquia le dijo a la mamá: "Mami, estoy curada, yo no tengo nada". La mamá la abraza, empieza a llorar, y la niña tiene un cambio que sorprendió a la señora. Pasaron de verla en una cama con dolores a querer bañarse para ir al colegio, con la convicción de que el Señor la había curado. Hay documentación de todo. Ella llama a la doctora y le explica, le repiten los exámenes y salió limpia. Ya lo que necesitábamos, que era el milagro para la canonización se dio, la Iglesia lo aprobó y no hace falta otro, pero yo creo que la intercesión de Juan Pablo II sigue siendo extraordinaria, y es lo que le digo a los fieles: los santos son como los amigos que interceden ante el Señor por nosotros, ellos no hacen milagros pero son como nuestras "palancas" en el cielo.

LA SANTIDAD DE KAROL WOJTYLA

Cuando el Papa en turno encabeza una ceremonia de canonización, significa que las autoridades de la Iglesia católica en el Vaticano, específicamente la Congregación para las Causas de los Santos, comprobaron, luego de un riguroso proceso de investigación, que una persona previamente beatificada cuenta con las cualidades necesarias para convertirse en sujeto de devoción. Dicho organismo romano, también conocido como "la fábrica de los santos", se fundó en 1558 por el papa Sixto V, y su labor es analizar la vida del candidato a fin de identificar si se condujo de acuerdo con las virtudes teologales, cardinales y anexas: fe, esperanza, caridad, prudencia, justicia, fortaleza, templanza, humildad, pobreza, castidad y obediencia. Sin embargo, la comprobación de las capacidades morales no basta. Es preciso que el beato cuente con fama de santidad.

Tal como sucede en otros procesos de canonización, el de Juan Pablo II fue evaluado desde el principio por una congregación de 72 consultores teólogos, quienes dieron fe de la heroicidad de sus virtudes, y posteriormente examinaron un milagro efectuado por él después de su muerte para nombrarlo beato. El primer milagro comprobado del Papa fue el de la hermana Marie Simon-Pierre, quien tenía mal de Parkinson. Para comprobar que realmente se lleven a cabo las curaciones atribuidas al santo, la congregación cuenta con 60 médicos especialistas en diversas ramas, además de estudiosos de teología encargados de demostrar con bases sólidas que la sanación de una persona no puede explicarse bajo los preceptos de la ciencia, dándole así calidad de milagro.

Las virtudes heroicas de Juan Pablo II fueron reconocidas desde el 19 de diciembre de 2009 por Benedicto XVI. El cardenal José Sarajva Martins, prefecto emérito de la congregación y quien abrió la causa de beatificación de Juan Pablo II, explicó que en el caso de la canonización de un Papa la Iglesia debe tener mucho cuidado. Se toman en cuenta varios aspectos de la persona en sus roles de hombre, sacerdote y Papa. No deben caber dudas durante el proceso. Para valorar la pertinencia de una canonización se evalúan sobre todo los últimos 10 años de vida del candidato. Es la etapa más importante porque da fe de cómo se asimiló la experiencia acumulada. "En el caso de Juan Pablo II, sus últimos 10 años coincidieron con su calvario, con su viacrucis en vida, con la fase en la que resultó más evidente para el mundo entero el ejercicio heroico de sus virtudes", manifiesta Sarajva. Tal como lo percibió Jacqueline, hermana de Floribeth Mora Díaz, la santidad del Papa viajero no provenía de su perfección, sino de su amor al Evangelio. Aclara que no existen los hombres perfectos, porque "solo Dios lo es", pero los santos intentan superar sus defectos y limitaciones de acuerdo con los principios éticos del dogma católico.

> Por lo que se refiere a Juan Pablo II, siempre tuve la impresión de que realmente era un santo, en el sentido más profundo y auténtico de la palabra. Era un hombre y un santo, esto es, un hombre santo. Entre humanidad y santidad no hay, contrariamente a lo que se cree, distinción alguna. La santidad es la plenitud de la humanidad. El santo es el hombre que la vive plenamente, y Juan Pablo II fue un claro ejemplo de ello.

Esta "humanidad santa" no solo fue percibida y aceptada por las autoridades vaticanas. Después de la carta enviada el 3 de mayo de 2005 por el cardenal vicario de Roma, Camillo Ruini, mediante la cual dio inicio el proceso de beatificación y posterior canonización de Juan Pablo II, prestaron testimonio 122 personas, entre ellas 35 cardenales, 20 arzobispos y obispos, 13 sacerdotes —de los cuales 5 son religiosos—, 3 consagradas, 36 laicos —entre ellos seis jefes de Estado y políticos—, 2 patriarcas ortodoxos, el primado de la comunidad anglicana y una personalidad judía. Con base en un cuestionario de 129 preguntas cada uno respondió, desde su perspectiva, cómo ejerció Juan Pablo II sus virtudes. Los encuestados estuvieron de acuerdo en que el pontífice era un modelo de santidad. Además, una comisión integrada por seis historiadores estudió durante más de un año —desde noviembre de 2005 hasta marzo de 2007— una amplísima documentación relativa a la biografía de Karol Wojtyla —el hombre que fue obrero, estudiante, sacerdote y obispo—, y luego de Juan Pablo II —el Papa que casi muere en un atentado terrorista y fue capaz, entre muchas otras cosas, de perdonar a su agresor, el turco Alí Agca.

Algunas virtudes destacadas de Juan Pablo II fueron su amor por Cristo y por los hombres. Lo primero lo demostró mediante la gran fe que caracterizó sus actos, lo segundo a través de 104 viajes en los que procuró estar cerca de aquellos que necesitaban mayor consuelo, practicaran o no la religión católica, vocación que le significó un rol de padre universal.

Consciente de la dimensión humana de la santidad, el Papa proclamó en vida a una gran cantidad de beatos y santos. Aunque tuvo detractores, su intención fue siempre demostrar los valores y las potencialidades del ser humano. El mensaje implícito era que la santidad, al no consistir en la perfección sino en la voluntad de mejorar las capacidades espirituales, está al alcance de todos, no es una condición privativa de los elegidos. Karol Wojtyla tenía una gran confianza en el prójimo.

Quienes convivieron con él más de cerca, dan testimonio del alto grado de humanidad con el que se condujo cada día de su vida. Confiaba en sus colaboradores más cercanos y no dudaba en mostrarse como niño cuando recordaba sus primeros años en Wadowice.

Benedicto XVI aseguró:

Quien tuvo la alegría de conocerlo y frecuentarlo pudo palpar cuán viva estaba en él la certeza de "contemplar la bondad del Señor en la tierra de los vivos" [...], certeza que lo acompañó en el curso de su existencia y que, de manera particular, se manifestó durante el último periodo de su peregrinación terrena: de hecho, la progresiva debilidad física jamás hizo mella en su fe inconmovible, en su luminosa esperanza, en su ferviente caridad. Se dejó consumir por Cristo, por la Iglesia, por el mundo entero: el suyo fue un sufrimiento vivido hasta el final por amor y con amor".

Respecto a la fama de santidad, imprescindible para concretar un proceso de canonización, monseñor Sławomir Oder pudo constatar mediante un archivo importante que la vida de Karol Wojtyla estuvo, desde la infancia y hasta el momento de su muerte, rodeada de características que la sustentaban. De acuerdo con él:

El de Juan Pablo II no fue un camino fácil. Su juventud estuvo marcada por la pérdida de todos sus seres queridos. A los 20 años era un joven solo, que había perdido a su madre, su padre y sus hermanos. Los duelos y la soledad hicieron que abriera su corazón para acoger a todos los que, a su vez, se sentían solos, dolidos y abandonados. Más tarde, el encuentro con el mundo de la poesía lo llevó al descubrimiento de la palabra de Dios y lo estimuló a convertirse en un incansable mensajero de la predicación de Cristo. Su espontaneidad natural, su sensibilidad estética y su gran vitalidad crearon las condiciones para entender los sentimientos de los jóvenes y trazar ante ellos las líneas directrices por seguir para encontrar la verdadera felicidad. Al final de su vida, la larga enfermedad lo transformó en un testigo de la esperanza revelada por el Evangelio que él anunció con toda su vida e incluso con su muerte, sembrando en los corazones de la gente no solo sentimientos de compasión sino, sobre todo, la conciencia de que todos los que sufren participan de la pasión de Cristo.

Para que la Iglesia católica pudiera convertir en santo a Juan Pablo II era preciso que surgiera un nuevo milagro. Los testimonios provenientes de todos los rincones del planeta no se hicieron esperar. Se le atribuyeron gracias de diversa índole, desde nuevas e inesperadas oportunidades de empleo hasta resolución de problemas de salud gravísimos, sobre todo relacionados con enfermedades cerebrales y bebés con riesgos durante la gestación. Sin embargo, pocos contaban con las suficientes pruebas para ser considerados el segundo milagro del pontífice. El de Floribeth de Fátima Mora Díaz, además de coincidir con una fecha importante como la ceremonia de beatificación de Karol Wojtyla el 1 de mayo de 2011, fue sustentado por médicos en Costa Rica e Italia. Ahora es un hecho: Juan Pablo II será santo en 2014 gracias a un milagro latinoamericano y bajo el pontificado del primer Papa latinoamericano en la historia de la Iglesia católica.

Índice